Bien se préparer aux ÉPREUVES DE LANGUES

Concours, tests, examens, entretiens

Marie-Françoise Blain et Marie Cadoux
avec la collaboration de Sarah Lemelle

l'Etudiant
www.letudiant.fr

SOMMAIRE

LES GUIDES DE L'ETUDIANT

COLLECTION DIRIGÉE PAR OLIVIER ROLLOT

CONCOURS

901 Le Guide des concours de la fonction publique
903 Bien se préparer aux épreuves des concours administratifs
904 Bien se préparer aux concours de l'enseignement
905 Bien se préparer aux oraux
906 Le Grand Livre des QCM de culture générale
907 Bien préparer les concours des écoles paramédicales
908 Bien se préparer aux épreuves de synthèse
909 300 QCM pour tester vos connaissances sur la fonction publique
910 250 QCM pour tester vos connaissances sur la construction européenne
911 Bien se préparer aux épreuves de français des concours administratifs
912 Bien se préparer aux QCM des concours administratifs
913 150 QCM pour tester vos connaissances sur les grands faits de société
915 200 QCM pour tester votre culture historique
916 Entrer dans une école de commerce en admission parallèle
917 Bien se préparer aux épreuves de culture générale des concours administratifs
918 Bien se préparer aux épreuves de langues
920 Bien rédiger son mémoire ou son rapport de stage
921 300 QCM pour tester vos connaissances sur le XXe siècle
923 Bien se préparer aux épreuves de maths des concours administratifs
924 Entrer dans une école d'ingénieurs en admission parallèle
925 Bien se préparer aux examens : 50 méthodes utiles
926 190 QCM pour tester vos connaissances sur les sigles
928 Dictionnaire de citations à l'usage des candidats aux concours et examens
932 Guide des 250 ouvrages indispensables pour réussir les concours de la fonction publique
933 Bien choisir sa préparation aux concours de la fonction publique

CONNAISSANCE

1 Les Grands Problèmes politiques contemporains
2 Les Grandes Questions de l'économie contemporaine
3 Les Grandes Théories politiques
4 Les Grandes Questions sociales contemporaines
5 La Seconde Guerre mondiale
6 Les Grandes Figures du XXe siècle
7 Les États-Unis : bilan et perspectives
8 Les Pays de l'Union européenne
9 Les Grands Écrivains Français
10 Les Médias
11 Les Grandes Questions philosophiques
12 Le XXe siècle
13 La Fonction publique

VIE PRATIQUE

301 1 000 Pistes de jobs
305 Le Guide Internet
306 Bien réaliser son projet d'orientation
307 Le Guide du PC
308 Le guide (très) pratique de l'étudiant
309 Créer sa page Web
310 Pour quel métier êtes-vous fait ?

INFORMATIQUE

1 Les Métiers des SSII
2 Les Métiers des éditeurs de logiciels
3 Les Métiers de la « net-économie »

Il y a deux ans, Marie-Françoise Blain, l'auteur du livre que vous avez entre les mains, nous a quittés. Conseillère d'orientation puis journaliste, elle collaborait activement au groupe l'Etudiant depuis 1992, écrivant plusieurs ouvrages, animant des conférences sur nos salons et rédigeant des articles dans notre magazine. Changeant totalement d'orientation professionnelle, elle s'était ensuite investie dans l'humanitaire, menant des missions en Afrique, Serbie et, dernièrement, en Indonésie. Chaque année, avec une passion jamais démentie pour l'orientation des jeunes, elle revenait vers nous pour remettre à jour ses ouvrages. Nous ne l'entendrons plus raconter ses rencontres du bout du monde. Elle nous manque.

L'équipe des Guides de l'Etudiant

Pour bien utiliser ce livre, et trouver la bonne réponse à vos questions, consultez l'index en fin d'ouvrage.

**Les informations que nous publions dans ce livre sont à jour en décembre 2001.
Pour les actualiser ou pour les compléter, lisez chaque mois *l'Etudiant* ou tapez 36.15 LETUDIANT.**

INTRODUCTION

Les Européens ont désormais une monnaie commune. Mais ils n'ont pas encore – et ils sont loin d'avoir – une langue commune. Car la langue est ce qu'il y a de plus spécifique dans une culture. Dans un contexte d'internationalisation des échanges économiques, ceux qui ne parlent pas une ou plusieurs langues étrangères seront – ou sont déjà – réellement handicapés. Les **entreprises** dont les marchés sont mondiaux ont besoin de professionnels qui connaissent la langue de leurs partenaires et leurs habitudes culturelles. Les recruteurs ne se satisfont plus aujourd'hui de la mention « lu, écrit, parlé » sur un CV. L'obtention d'un diplôme étranger (*Certificate in English for Business Communication*, par exemple) ou d'un bon score à un test, tel que le TOEIC américain ou le WiDaF allemand, témoigne plus sûrement de la maîtrise d'une langue. De même, la mention d'un séjour à l'étranger (autre que touristique) est appréciée.

ENTREPRISES
Elles exigent des candidats à l'embauche un excellent niveau dans une, deux, voire trois langues étrangères.

Examens français et tests étrangers

Répondant aux exigences des entreprises, les formations accordent de plus en plus d'importance à l'apprentissage des langues, et certaines filières d'enseignement supérieur sélectionnent même leurs candidats sur leur niveau en langues. Examen d'entrée à Sciences po, concours des écoles de commerce..., nous présentons ici la forme et le contenu des épreuves et le niveau requis. Pour poursuivre des études à l'étranger, il est impératif de disposer d'un niveau en langues suffisant. Sésame des universités américaines, le TOEFL (*Test of English as a Foreign Language*) vérifie ainsi votre niveau d'anglais au travers d'une batterie de QCM (questionnaires à choix multiple). Si vous voulez vous tester, ce guide vous propose un échantillon de questions du TOEFL. À côté de ce dernier, il existe aussi une

À SAVOIR

VISITEZ EXPOLANGUES « LE SALON DES LANGUES DU MONDE »

Chaque année, Expolangues accueille des milliers de visiteurs de tous horizons : entreprises, enseignants, grand public. Vous pouvez y rencontrer des organismes de séjours linguistiques, suivre des conférences en direct, assister à des cours de langues et passer des tests gratuitement. Espaces culturels, conseils de professionnels, conférences et promenades sur la Toile vous permettent de vous familiariser avec les nouveaux supports éducatifs (CD-Rom, logiciels, Web...). Des solutions adaptées à votre profil vous y attendent.

• Expolangues, Grande Halle de la Villette, Paris, du 30 janvier au 3 février 2002, Internet : www.expolangues2002.com

série de diplômes qui vous permettent de vous inscrire dans un établissement hors de nos frontières ou bien de démontrer votre maîtrise d'une langue dans un contexte professionnel, notamment dans le domaine du commerce.

Choisissez votre méthode

Que vous vous apprêtiez à passer les épreuves de langues du bac ou bien celles de l'examen d'entrée à Sciences po, que vous vous destiniez à étudier aux États-Unis ou en Australie ou que vous cherchiez une spécialisation en allemand ou en espagnol commercial, vous avez le choix : cours particulier ou collectif en France, stage linguistique à l'étranger, méthode sur CD-Rom ou cassettes audio... Vous vous déciderez selon vos objectifs, vos disponibilités, votre budget. Quoi qu'il en soit, toutes les méthodes cherchent à faire découvrir, en même temps que la langue, la culture d'un pays, sans oublier le plaisir de l'apprentissage. Laissez-vous prendre au jeu !

Marie-Françoise Blain et Marie Cadoux

PARTIE 1

EXAMENS ET TESTS DE LANGUES

Après sept années d'études de votre première langue au collège et au lycée et cinq années d'études de votre deuxième langue, vous êtes censé maîtriser les bases de la grammaire et disposer de suffisamment de vocabulaire pour vous exprimer. L'épreuve de langues au bac vient vérifier vos acquis. À base d'exercices de compréhension, de grammaire et d'expression écrite, ce type d'épreuve est aussi communément employé par les établissements (écoles de commerce, d'ingénieurs, instituts d'études politiques…) qui sélectionnent leurs candidats à l'entrée. En revanche, les tests d'origine étrangère, tels que le TOEFL *(Test of English as a Foreign Language)*, utilisent surtout les QCM (questionnaires à choix multiple).

SOMMAIRE

L'ÉPREUVE DE LANGUES AU BAC

L'épreuve de langues au bac, Aurore s'en souvient encore. « J'ai eu 14 sur 20 en anglais. Je me suis abonnée à *Vocable* pour enrichir mon vocabulaire et, deux mois avant la date fatidique, je faisais des exercices d'annales une fois par semaine. À force de travail, cela a fini par payer », déclare cette jeune fille qui suit aujourd'hui des études d'assistante sociale. En dehors de la préparation assurée par les professeurs de langues de terminale, vous devrez, comme l'a fait Aurore, organiser vous-même votre travail et vos révisions. Après avoir rappelé rapidement le contenu de l'épreuve écrite de langues au bac, nous vous donnons quelques conseils pour réussir ce premier examen linguistique.

LE CONTENU DES ÉPREUVES

Pour toutes les séries du baccalauréat général, ES, L et S, la forme de l'épreuve écrite de langues reste identique. Elle s'appuie généralement sur un texte extrait d'une œuvre littéraire ou de la presse écrite (ou bien sur deux textes pour l'épreuve de première langue de la série L). Pour mesurer le niveau de compréhension du texte par les candidats, des **questions** sont posées à la suite. Par exemple : Quelle est la nature du texte proposé ? Quels sont les personnages principaux ?

> **QUESTIONS**
> **Ces questions portent aussi bien sur le sens littéral du texte que sur sa signification profonde ou implicite.**

On peut, d'autre part, vous demander d'expliquer le sens de telle ou telle autre expression. Les réponses aux questions doivent être rédigées et une consigne indique le nombre de mots exigés. L'épreuve de langue vivante 1 de la série L prévoit

À SAVOIR

L'ÉPREUVE ÉCRITE DE LANGUES

L'importance accordée à l'épreuve écrite de langues varie en fonction des séries. Seuls les élèves de terminale L passent une épreuve écrite dans leur deuxième langue vivante.

	L	ES	S	STT, STI, STL, SMS
Langue vivante 1	3 h coeff 4	3 h coeff 3	3 h coeff 3	2 h coeff 2
Langue vivante 2	3 h coeff 4	–	–	–

également un exercice de traduction en français d'un passage du texte d'une dizaine de lignes environ. Suivent alors quelques exercices dits de compétence linguistique (reformulation, transposition, transformation…).

Enfin, l'épreuve comporte un court essai (de 300 à 350 mots). Vous avez le choix entre deux sujets, dont l'un est nécessairement lié au texte ; il peut s'agir d'expression semi-guidée et/ou d'expression libre. Dans ce dernier cas, vous devez montrer que vous êtes capable de défendre un point de vue, d'exprimer un jugement, de commenter un fait de civilisation. L'expression semi-guidée est souvent préférée par les étudiants.

Pour les séries SMS, STL, STI et STT du baccalauréat technologique, l'épreuve s'appuie sur un texte d'environ 30 lignes pris dans un journal, un magazine, une revue, un roman. La compréhension porte essentiellement sur le sens littéral du texte. Quant à l'expression, elle permet au candidat de montrer sa capacité à répondre de façon personnelle à une ou deux questions simples portant sur le texte.

Pour Chantal Czernichow, professeur d'allemand au lycée Jeanne-d'Arc de Rouen : « L'épreuve de langues ne cherche pas à piéger. Il n'y a jamais de surprise. On vérifie simplement que les acquis du secondaire peuvent être mis en pratique. »

Annales, fiches et magazines

Peut-on réviser avec des annales ? « Bien sûr, c'est un outil de révision, estime Chantal Czernichow. Cela permet de repérer ses points faibles et de travailler en conséquence. » Mais elle insiste surtout sur l'organisation : « C'est très important si on veut être efficace. Faites des fiches par thème, une fiche pour le vocabulaire en général, une fiche pour le vocabulaire qui permet l'articulation des idées, une fiche pour les adverbes, une fiche pour les déclinaisons… »

La lecture d'ouvrages ou de magazines est aussi vivement recommandée. « Cela peut être une source de motivation, note Chantal Czernichow. J'encourage les jeunes filles à acheter des magazines féminins allemands, notamment *Birgit*. Si les garçons s'intéressent aux motos ou aux voitures, qu'ils achètent des revues spécialisées. Ce qui compte, c'est d'avoir le plus de contacts possibles avec la langue et de trouver une motivation à la comprendre », conclut-elle.

Un travail de longue haleine

Hélène Ladevie, qui a exercé en tant que professeur d'anglais au lycée Ronsard de Vendôme, en Loir-et-Cher, insiste quant à elle sur la nécessité d'un travail régulier tout au long de l'année. « La richesse lexicale et les automatismes de traduction ne s'acquièrent pas au dernier moment. Il faut que les jeunes soient curieux : consulter le dictionnaire, regarder les émissions de télévision, écouter la radio, tout cela fait partie de l'apprentissage d'une langue. »

BIBLIO

Des guides pour réviser le bac

Voici une petite sélection de guides, à titre indicatif, pour vous préparer aux épreuves de langues écrites et orales au bac.

- ***QCM d'anglais pour terminales,* Ellipses, 6,10 €. Cette série propose plusieurs batteries de tests avec un index sélectif.**

- ***Allemand, terminales toutes séries (rappels et exercices),* collection « Fichiers Vuibert », Albin Michel, 10,52 €.**

- ***Allemand (entraînement),* collection « Expolangues », 4,73 €.**

Le jour de l'épreuve

Prenez le temps de lire le ou les textes en prêtant attention au nom de l'auteur, de l'ouvrage, à sa date. Posez-vous des questions simples : quelle est la nature du texte ? quel est le nombre de personnages ? quel est le thème ? où se situe l'action ? quand ? Lisez les questions une première fois sans y répondre. Celles-ci peuvent vous aider à mieux comprendre le texte. Repérez les phrases clés. « Ne paniquez pas devant les mots inconnus, prévient Hélène Ladevie. Bien souvent, leur sens peut être déduit du contexte. Regardez ce qui précède, ce qui suit, ou essayez de les décomposer. »

Pour l'essai ou l'exercice d'expression écrite, prenez bien le temps de réfléchir avant de sélectionner le sujet que vous allez traiter. Tenez compte de vos goûts, mais surtout de vos possibilités d'expression : par exemple, votre vocabulaire est-il suffisant pour pouvoir développer telle ou telle idée ? C'est une question qu'il faut vous poser avant de vous lancer dans la rédaction.

Enfin, les professeurs sont unanimes sur la nécessité de relire votre copie. « Cela ne peut pas être du temps perdu, au contraire, ce sont des points facilement gagnés », souligne Hélène Ladevie. Pour cela, faites une relecture du contenu, mais aussi une relecture où vous ne tiendrez compte que de la forme (l'orthographe, le *s* de la troisième personne en anglais, etc.).

LES TESTS POUR ENTRER DANS LE SUPÉRIEUR

Si vous choisissez après le bac une filière d'études sélective, nul doute que votre niveau en langues sera souvent examiné avec soin. Si vous postulez à l'entrée d'une classe préparatoire littéraire ou économique et commerciale, vos notes de première et de terminale en langues vivantes 1 et 2 seront déterminantes, de même si vous envisagez de préparer un BTS commerce international ou un DUT gestion des entreprises et des administrations. D'autres filières ne sélectionnent pas sur dossier, mais sur examen ou sur concours : les IEP (instituts d'études politiques), dits aussi Sciences po, certaines écoles de commerce en quatre ans après le bac, ainsi que certaines écoles d'ingénieurs en cinq ans après le bac. Note éliminatoire à Sciences po, gros coefficients dans les écoles de commerce, examen obligatoire pour les futurs ingénieurs..., les **épreuves de langues** sont souvent redoutées. Pourtant, dans l'ensemble, elles ressemblent aux épreuves du bac.

ÉPREUVES DE LANGUES
Sachez que, bien préparées, les épreuves de langues ne constituent pas une étape infranchissable.

LES ÉCOLES DE COMMERCE APRÈS LE BAC

Sept écoles de commerce qui recrutent après le baccalauréat pour quatre années d'études (CESEM Méditerranée à Marseille, CESEM Reims, EBP France à Bordeaux, EPSCI à Cergy-Pontoise, ESCE à Paris, IFI à Rouen et Sup'Europe à Caen) ont choisi de se regrouper pour organiser leur sélection en commun, dite Sesame (session d'épreuves spécifiques à l'admission au management européen et international). Dans la mesure où le programme de ces écoles est tourné vers l'international et prévoit des séjours dans des universités étrangères, le concours Sésame accorde une grande importance aux épreuves de langues. Les coefficients attribués à celles-ci représentent entre un quart et un tiers du total des coefficients des épreuves. De même, le concours Accès (commun à l'ESDES Lyon, l'ESSCA d'Angers et de Paris et l'IESEG de Lille, quatre écoles en cinq ans après le bac) attribue un fort coefficient à l'épreuve de langues.

QCM, compréhension et expression écrites

Quel que soit le concours, Sésame, Accès ou même un concours de recrutement propre à une seule école, l'épreuve de langues se présente souvent sous la même forme : QCM (questionnaires à choix multiple), exercices de compréhension écrite, composition écrite. De façon générale, les QCM cherchent à tester la connaissance du vocabulaire courant, des règles de grammaire de base et s'attachent à repérer les fautes classiquement commises par les francophones.

L'exercice de compréhension écrite sert à mesurer la capacité à dégager rapidement le sens d'un texte et à en saisir les subtilités. Le texte proposé est le plus souvent un article de presse. Cet exercice requiert une lecture approfondie non seulement du texte, mais aussi des questions qui s'y rapportent.

Enfin, la composition écrite cherche à évaluer l'aisance du candidat dans le cadre d'une réflexion structurée et argumentée. Variété du vocabulaire et correction de la syntaxe sont appréciées.

Demandez les annales

Les concours Sésame et Accès publient, chaque année, les annales corrigées de leurs épreuves, accompagnées des observations du jury. Ces documents sont à consulter impérativement.

CONSEILS

Soignez l'expression écrite

L'exercice de composition écrite au concours des écoles de commerce après le bac n'est pas fondamentalement différent de celui inscrit au programme de l'épreuve de langues du bac. Cependant, le niveau requis est un peu plus élevé, puisque les candidats se destinent à suivre des études internationales. Voici trois conseils pour aborder ce type d'exercice.

1. Pensez dans la langue étrangère. Les jurys sont unanimes sur le principal écueil à éviter : penser en français ! Chaque langue possède sa propre logique. Vous devez être capable de penser ou d'écrire directement dans la langue étrangère sans traduction préalable de vos propos en français.

2. Distinguez langage oral et expression écrite. Pour Tim White, professeur d'anglais au CESEM Méditerranée, « Les étudiants ont trop souvent tendance à écrire comme ils parlent. Or, le langage utilitaire, qui passe bien à l'oral, fait carrément désordre à l'écrit ! » Tim White encourage donc ses étudiants à lire le plus possible, à regarder la télévision. « Il n'y a pas de règle absolue, mais il faut essayer de prendre exemple sur des gens qui écrivent et parlent correctement. C'est comme cela que j'ai appris le français », avoue Tim White.

3. Montrez votre intérêt pour le pays. Les connaissances linguistiques sont indispensables, mais la connaissance de la civilisation est un plus incontestable. Si, dans votre exercice de composition écrite, vous avez recours à des notions d'histoire et de politique intérieure du pays dont vous étudiez la langue, ou si vous témoignez de connaissances de l'actualité sportive ou du système éducatif, vous marquez des points.

BIBLIO

Des guides pour préparer les concours des écoles de commerce

À titre indicatif, voici une sélection de guides pour vous aider à préparer vos épreuves de langues aux concours des écoles de commerce.

• *L'Anglais à l'entrée des grandes écoles,* Ellipses. Le tome 1 (21,34 €) présente les épreuves de 12 concours d'écoles de commerce ; le tome 2 (18,29 €) reprend les épreuves de 21 concours d'écoles d'ingénieurs.

• *Préparer l'allemand aux concours des grandes écoles commerciales,* Bréal, 22,11 €. Sur la base de 15 textes tirés de la presse allemande, divers exercices sont proposés : versions, QCM, phrases de thème, sujets de réflexion, etc.

• *Exercices d'allemand,* Ellipses Marketing, 14,48 €. Ce guide regroupe 2 000 coupures de journaux présentant un intérêt linguistique, grammatical ou lexical, avec des exercices d'entraînement et d'autoévaluation. Corrigés inclus.

• *QCM progressifs d'espagnol,* Ellipses, 21,34 €. Cet ouvrage propose 1 200 QCM grammaticaux corrigés et commentés, extraits des concours des écoles de hautes études commerciales (langues vivantes 1 et 2) et regroupés en cinq niveaux de difficulté.

Pour réviser, mettez-vous en situation d'examen : respectez les durées estimées de composition. L'épreuve de langues au concours Sésame dure par exemple une heure trente.

Pour vous procurer les annales des concours communs d'entrée en première année, adressez-vous à :

• Sésame, BP 49, 33024 Bordeaux cedex, tél. 05.56.79.44.88, Minitel : 36.15 ECOLE-SESAME, Internet : www.concours-sesame.net

• Accès, BP 651, 49006 Angers cedex 01, tél. 02.41.73.47.47, Internet : www.concours-acces.com

20 QCM d'anglais

À titre d'exemple, nous reproduisons ci-dessous 20 questions extraites du QCM d'anglais du concours Accès en 2001. Chaque question comporte quatre propositions. Pour chacune d'elles, il s'agit de signaler si elle est vraie (V) ou fausse (F) (une réponse est donc une suite de quatre marques V ou F); le corrigé est donné à la suite. L'épreuve comporte en principe 50 questions de ce type, un texte à compléter et 15 questions se rapportant à un texte, les candidats disposant d'une heure trente pour répondre à l'ensemble des questions.

Question 1

a. The kettle is boiling, would you like a cup of tea?
b. The kettle is boiled, would you like a cup of tea?
c. The kettle has boiled, would you like a cup of tea?
d. The kettle will boil, would you like a cup of tea?

Question 2

a. I am belonging to my local library and I borrow about 3 books a month.
b. I belong to my local library and I borrow about 3 books a month.
c. I am going to belong to my local library and I will probably borrow about 3 books a month.
d. I am belong to my local library and I am borrowing about 3 books a month.

Question 3

a. When I will be in Belgium I will send you a post card.
b. When I am in Belgium I will send you a post card.
c. When I will be in Belgium I send you a post card.
d. When I have been in Belgium I sent you a post card.

Question 4

a. My train leaves at 9.15 on Friday morning.
b. My train left at 9.15 on Friday morning.
c. My train has been leaving at 9.15 on Friday morning.
d. My train will have been leaving at 9.15 on Friday morning.

Question 5

a. Unless I won't save I'll never be able to buy that computer.
b. Unless I don't save I'll never be able to buy that computer.
c. Unless I will save I'll never be able to buy that computer.
d. Unless I save I'll never be able to buy that computer.

Question 6

a. My watch is repaired at the moment.
b. My watch is being repaired at the moment.
c. My watch will be repaired at the moment.
d. My watch will have been repaired at the moment.

Question 7

a. I hate working in the weekend.
b. I hate working over the weekend.
c. I hate working at the weekend.
d. I hate working to the weekend.

Question 8

a. It's about time you had a haircut.
b. It's about time you are having a haircut.
c. It's about time you have a haircut.
d. It's about time you had your hair cut.

Question 9

a. He remembered me that it was my wife's birthday tomorrow.
b. He reminded that it was my wife's birthday tomorrow.
c. He reminded me that it was my wife's birthday tomorrow.
d. He remembered that it was my wife's birthday tomorrow.

Question 10

a. Are you already been in the USA?
b. Are you been in the USA already?
c. Have you being to the USA already?
d. Have you already been to the USA?

Question 11

a. I've made three phone calls this morning.
b. He hasn't made the accounts yet.
c. Have you made your homework yet?
d. He hasn't finished doing the ironing yet.

Question 12

a. We are the third of September.
b. It is the third of September.
c. We are September the third.
d. It is September the third.

Question 13

a. Can you borrow me your book?
b. Can I lend your book to him?
c. Can she borrow your book?
d. She lent him her book.

Question 14

a. I eat there this night.
b. I ate there this night.
c. I eat there every night.
d. I ate there last night.

Question 15

a. The price of perfume in France is very interesting.
b. Sue, I present you Jim.
c. That crash arrived because of the storm.
d. We were deceived by the play last week.

Question 16

a. I'm very good in english.
b. They are extremely good at english.
c. My English isn't bad.
d. I'm quite good at History.

Question 17

a. I am born in New York but my sister is born in Massachusetts.
b. I am born in New York but my sister was born in Massachusetts.
c. I was born in New York but my sister was born in Massachusetts.
d. I was born in New York but my sister has been born in Massachusetts.

Question 18

a. I haven't been anywhere.
b. I've been nowhere.

c. I haven't been nowhere.
d. I haven't gone anywhere.

Question 19
a. His sister's a single.
b. I'll get married next year. Until then I'm going to remain a bachelor.
c. If I pass my exams this year I'll be a bachelor.
d. To get a good job you really need to be a graduate.

Question 20
a. If I wouldn't have seen it with my own eyes, I would never have believed it.
b. I would never have believed it, if I wouldn't have seen it with my own eyes.
c. I would never have believed it, if I hadn't seen it with my own eyes.
d. If I hadn't seen it with my own eyes, I would never have believed it.

1 VFVF ; 2 FVVF ; 3 FVFF ; 4 VVFF ; 5 FFFV ; 6 FVFF ; 7 FVVF ; 8 VFFV ; 9 FFVV ; 10 FFFV ; 11 VFFV ; 12 FFFF ; 13 FVVV ; 14 FFVV ; 15 FFFF ; 16 FFVV ; 17 FFVF ; 18 VVFV ; 19 FVFV ; 20 FFVV.

20 QCM d'espagnol

Nous reproduisons ci-dessous les 20 questions du QCM d'espagnol du concours Accès en 2001, avec le corrigé à la suite.

Question 1
a. No hay bastante sillas para todos ; sí, hay demasiados.
b. Su novia es bastante guapa.
c. Han instalado pocos asientos para tanta gente.
d. No me gusta cuando hay demasiada gente.

Question 2
a. París tiene cerca de 2 millones de habitantes.
b. París tiene aproximadamente 2 millones de habitantes.

c. París tiene como 2 millones de habitantes.
d. París tiene unos 2 millones de habitantes.

Question 3
a. Es un regalo para tú.
b. Jorge es tanto egoista que lo quiere todo para él.
c. Toco el piano mejor que tú.
d. Entre ella y mí no hay acuerdo posible.

Question 4
a. Es una carretera tranquila, no viene nadie detrás de mi.
b. Es una carretera tranquila, nadie viene detrás de mi.
c. Es una carretera tranquila, no hay nadie delante de mí.
d. Es una carretera tranquila, no hay coches ni detrás ni delante de mí.

Question 5
a. Al salir de la tienda, tropecé con María.
b. Para salir de la tienda, tropecé con María.
c. Saliendo de la tienda, tropecé con ella.
d. Cuando salga, tropecé con ella.

Question 6
a. Te voy a contar el porqué de mi retraso.
b. Te contaré más tarde porque mi retraso.
c. Te voy a contar pórque he llegado tarde.
d. Te contaré más tarde por qué llego con retraso.

Question 7
a. Le da miedo que te asomes.
b. Teme que te caigas.
c. Temo que se caiga.
d. Me doy miedo que te asomes.

Question 8
a. Señor, usted olvida vuestra maleta.
b. Señor, ¡no olvide su maleta !
c. Señores, vosotros olvidáis sus maletas.
d. Chicos, ¡no olvidéis vuestras maletas !

Question 9
a. ¡Devuélvese a mí !
b. ¡Recórdatelo !

c. ¡Recordamosle!
d. ¡Devólvamela!

Question 10
a. Ese perfume huele a jazmín.
b. Ese perfume tiene un olor de jazmín.
c. ¿No te parece que la paella sabe demasiado de azafrán?
d. La paella sabe a azafrán.

Question 11
a. Claro que si lo supiera, te lo diría.
b. Claro que si lo sepas, te lo dirás.
c. Claro que si lo supiéramos, te lo diremos.
d. Claro que si lo sabe, te lo dice.

Question 12
a. Somos veintiunos en la clase.
b. Somos veintiunos alumnos en la clase.
c. Estamos veintiún en esta clase.
d. Estamos cientos estudiantes en el aula.

Question 13
a. ¡Vístete pronto y vámonos!
b. ¡Vistámonos pronto y salgamos!
c. ¡Vístete y vete!
d. ¡Vístase pronto y salgamos!

Question 14
a. Me gusta mucho ir de viaje.
b. Me gusta mucho los viajes.
c. Me apetecería ir de viaje.
d. No me apetece ir a los Alpes para esquiar.

Question 15
a. Justo abajo mi piso está la farmacia.
b. La farmacia está justo frente.
c. La farmacia está justo abajo.
d. ¿Dónde está la farmacia? En el inmueble de al lado.

Question 16
a. Ni siquiera sabe cómo me llamo.
b. Sabe ni como me llama siquiera.

c. No sabe cómo me llamo.
d. Siquiera no sabe mi nombre.

Question 17

a. Es necesario que conozcamos tu dirección.
b. Necesito mucho más dinero para comprar ese coche.
c. Hace falta que te conocemos mejor.
d. Hoy se falta muchos alumnos en clase.

Question 18

a. Es verdad, ya no puedo te lo esconder.
b. Es verdad que no puedo ya te esconder.
c. Verdad que no puedes escondérlame.
d. La verdad que ya no puedo escóndatelo.

Question 19

a. No hay nadie en este sitio.
b. Nadie viene nunca aquí.
c. Nadie sepa algo.
d. No sabe nadie para nada.

Question 20

a. ¿Hay algún director aquí ?
b. Ninguno de ellos es el director.
c. No hay aquí ningún director.
d. ¿Un director ? Aquí no encontraréis a algún.

1 FVVV ; 2 VVVV ; 3 FFVF ; 4 VVVV ; 5 VFVF ; 6 VFFV ; 7 VVVF ; 8 FVFV ; 9 FFFF ; 10 VFFV ; 11 VFFV ; 12 FFFF ; 13 VVVV ; 14 VFVV ; 15 FFVV ; 16 VFVF ; 17 VVFF ; 18 FFFF ; 19 VVFF ; 20 VVVF.

LES ÉCOLES D'INGÉNIEURS APRÈS LE BAC

La plupart des écoles d'ingénieurs qui recrutent après le bac pour cinq années d'études opèrent une sélection fondée uniquement sur l'examen du dossier. Mais quelques établissements choisissent de faire passer aussi des épreuves, et notamment des épreuves de langues.

C'est le cas des ENI (Écoles nationales d'ingénieurs) de Brest, Metz, Saint-Étienne et Tarbes, qui organisent un concours commun, ou de l'EFREI (École française d'électronique et d'informatique). Encore une fois, la forme de l'épreuve s'inspire de celle du bac et s'appuie généralement sur un texte et des questions de compréhension.

Méthodes classiques ou modernes

Au concours des ENI, l'épreuve de langues dure une heure trente. Professeur à l'ENI de Tarbes, François Saïz déplore le manque de vocabulaire des candidats. « L'exercice de compréhension écrite me réserve toujours des surprises ! », remarque-t-il. Pour réviser le concours d'entrée, ce professeur conseille la lecture très régulière de la presse, de l'organisation dans l'acquisition du vocabulaire et le recours à la bonne vieille méthode des fiches. « Faire des fiches, c'est fastidieux, mais tellement utile », insiste-t-il. Mais ce professeur recommande également le multimédia : « C'est une bonne source de motivation. Les logiciels de langues respectent le rythme de chacun et la variété des exercices proposés rend plus ludique l'apprentissage de la langue. »

S'entraîner à la compréhension orale

À l'EFREI, l'épreuve de langues au concours d'entrée en première année demande de répondre à une série de questions après écoute d'un texte enregistré. « Bien souvent, c'est la catastrophe ! », note Christine Lovenbruck, professeur d'anglais à l'EFREI. « En cours, les étudiants arrivent généralement à suivre leur professeur, surtout s'il articule bien. Mais lorsqu'ils écoutent, à partir d'un support audio, les propos d'un Anglais qui parle à un rythme normal, le degré de compréhension est moindre, voire nul. »

Christine Lovenbruck ne cherche pas à décourager les candidats, mais insiste sur la nécessité d'un travail régulier, car « il n'y a pas de solution magique. Aujourd'hui, et avec les moyens dont on dispose, reprend-elle, il est tout à fait possible d'être quotidiennement en contact avec la langue anglaise. Après avoir suivi les informations à la radio en français, branchez-vous sur la BBC et écoutez, à nouveau, les infos. C'est un bon entraînement », assure-t-elle.

LES INSTITUTS D'ÉTUDES POLITIQUES

Que ce soit à Sciences po Paris ou dans les IEP (instituts d'études politiques) d'Aix-en-Provence, Bordeaux, Lille, Lyon, Rennes, Strasbourg ou Toulouse, les examens d'entrée en première et en deuxième année comportent des épreuves de langues étrangères. Si l'IEP de Grenoble n'en prévoit pas pour l'entrée en première année, il prend toutefois en compte la moyenne obtenue aux épreuves écrites et orales de langues du bac que vous venez d'obtenir. Chaque institut choisit ses propres modalités d'admission : l'épreuve de langues peut consister en un simple QCM (questionnaire à choix multiple) de vocabulaire et grammaire ou bien, comme pour les épreuves du bac, elle peut proposer un texte et des questions. À Lyon, autre méthode, l'épreuve s'appuie sur la lecture d'ouvrages en langues étrangères dont les titres sont communiqués aux candidats durant l'été.

Un bon niveau de terminale

Dans la mesure où seul le bac est requis pour se présenter à l'entrée des IEP, le niveau exigé en langues correspond normalement à un bon niveau de terminale. Toutefois, Sciences po Paris, où près de 80 % des étudiants admis en première année ont au moins une année d'études supérieures à leur actif, présente des épreuves plus difficiles que les autres instituts. À Paris, Lille et Lyon, une note inférieure à 7 sur 20 en langues étrangères est éliminatoire ; à Bordeaux et à Rennes, la barre minimale est fixée à 6 sur 20.

CONSEILS

MAÎTRISER LES BASES, PUIS ÉLARGIR SES CONNAISSANCES

L'épreuve de langues à l'examen d'entrée en première année des instituts d'études politiques correspond à un bon niveau de terminale. Cependant, en dehors des connaissances linguistiques de base, on vous demandera aussi de montrer des connaissances de l'actualité internationale. Voici trois conseils pour aborder ce type d'exercice.

1. Aidez-vous d'un ouvrage pour revoir les bases grammaticales et syntaxiques.

2. Suivez l'actualité, notamment celle des pays où l'on parle la langue que vous présentez à l'examen d'entrée. La lecture assidue d'articles de presse étrangère est essentielle. De même, les émissions de radio et de télévision sont des outils précieux dans un travail de sensibilisation à la langue.

3. « Constituez-vous des listes de vocabulaire par thèmes et travaillez avec un dictionnaire unilingue, insiste Margarete Sturm-Foucault, professeur d'allemand à Sciences po Paris. C'est un outil très efficace pour élargir son champ lexical. »

Positiver votre lecture

Margarete Sturm-Foucault, professeur d'allemand à l'IEP de Paris, fait chaque année le même constat. « Les étudiants ne lisent pas suffisamment les textes. Les réponses aux questions posées sont souvent si farfelues que je mets ça sur le compte de la panique », confie-t-elle. Elle encourage donc les candidats à travailler leurs méthodes de lecture. « Les étudiants ont trop souvent tendance à vouloir comprendre le sens de chaque mot et à se décourager devant les premières difficultés rencontrées, déplore-t-elle. Au contraire, en allant d'abord au-devant des

BIBLIO

Des guides pour préparer l'entrée à Sciences po

À titre indicatif, voici une petite sélection de guides pour vous aider à préparer l'épreuve de langues de l'examen d'entrée dans un institut d'études politiques.

- ***L'Anglais à l'entrée de Sciences po*, Ellipses, 19,82 €. Un guide régulièrement remis à jour.**
- ***Anglais, compétence en prépa (prépas Sciences po)*, Ellipses, 7,62 €. Ce guide présente 60 extraits de grands hebdomadaires anglo-saxons accompagnés de 300 exercices d'exploitation grammaticale et syntaxique (dont un tiers sont accompagnés de corrigés).**

éléments familiers, on prend confiance, on se rassure et on aborde plus facilement les difficultés du texte (vocabulaire inconnu, subtilités lexicales, etc.). C'est ce qui s'appelle positiver une lecture », résume-t-elle, enthousiaste.

L'épreuve d'anglais à Sciences po Paris

Sciences po Paris vous laisse le choix entre l'anglais, l'allemand, l'arabe, l'espagnol, le portugais, l'italien ou le russe. L'épreuve, qui dure trois heures, comporte des questions de compréhension sur un texte portant sur un sujet d'actualité, un essai (deux questions au choix) et deux courts exercices de rédaction à partir de supports écrits ou visuels.

À titre d'exemple, nous vous présentons page suivante les deux premières parties de l'épreuve d'anglais du concours 2001 à laquelle ont été soumis les bacheliers de l'année pour l'entrée en première année (les candidats ayant obtenu leur bac en 2000 ont subi des épreuves légèrement différentes). Dans la troisième partie de l'épreuve, intitulée « exercices de rédaction », il est demandé aux candidats de commenter un graphique en anglais et d'expliquer un dessin humoristique extrait du *Times*.

THE RIGHTS AND WRONGS

Should America kill the Oklahoma City bomber?

« I went out to Charing Cross to see Major-General Harrison hanged, drawn and quartered, », Samuel Pepys casually noted in his diary on October 13th 1660, adding that « the general looked as cheerful as any man could do in that condition ». The execution next week in Indiana of Timothy McVeigh by lethal injection will be a less bloody, more private affair; it will be witnessed by « just » 30 people, with a further 250 relatives of his victims watching on closed-circuit television. But the event already has the grisly carnival atmosphere of a public execution. It harks back to a time when the taking of a criminal's life was a spectacle, an event children begged to go to, which diarists attended after a good lunch and where soldiers were needed to hold back the onlookers.

Some 1,600 journalists are descending on the one-prison town of Terre Haute. T-shirts are on sale. An attempt to broadcast the event on the Internet seems to have failed. The TV networks are squabbling about which correspondents will witness the deed. A famous novelist will be in attendance, invited by the Oklahoma City bomber, who has already chosen his last words (« I am the master of my fate; I am the captain of my soul ») from W. E. Henley's poem « Invictus ».

Inevitably, the ghoulishness of Terre Haute has become an issue in itself. Broadcasting the death of anybody seems grotesque, even pornographic. On the other hand, execution is not something that a government should do in secret. For it is the killer, not the recording of that killing, which is the real issue. Should Mr McVeigh be killed?

For many people on both sides of the debate, the answer is alarmingly simple and instinctive. In the United States, where most people support the death penalty, barely one in four would spare a man who killed 168 Americans – 20 more than were killed by Saddam Hussein during the whole Gulf war. By contrast, some Europeans have already seized on the circus in Terre Haute as a symptom of what they see, rather arrogantly, as the new American barbarism. While most other civilised countries have forsaken the death penalty, the United States has increasingly resorted to it, placing itself alongside countries such as Congo, Iran and China.

A guilty monster

Both sides are rushing to judgment too quickly – particularly the critics. *The Economist* has long disliked America's attachment to the death penalty. But Mr McVeigh is hardly a typical victim of that system. Indeed, he might have been designed to test the faith of abolitionists everywhere.

At least five of the main arguments against the death penalty in America fall away in the case of Mr McVeigh. First, there is no question that he murdered 168 people. He has admitted it; indeed, he has boasted of it. Second, although nine in ten people on death row cannot afford their own lawyers, there is no evidence that Mr McVeigh has been poorly represented in the courts. There are none of the usual tales about drunk lawyers or uncalled witnesses. Third, Mr McVeigh, as many of his supporters never stop reminding people, is white, so there is no question of discrimination (blacks account for one in three people executed). Fourth, while some of the people that America has executed more properly belonged in a psychiatric ward, Mr McVeigh is not clinically insane or ill – just evil.

Indeed, the fifth point is the crime itself. Mr McVeigh is not being executed for a robbery that went wrong or a crime of passion. He cold-bloodedly killed 168 people, the worst act of terrorism on American soil. The Oklahoma City bomb was a genuine outrage; months later, some body parts had still not been linked to any known victims. Mr McVeigh has shown no remorse. Quite the contrary. He boasts in a new book about delaying his bomb till just after 9 am, to get as many victims as possible. He has dismissed the 19 children under six who were killed in the blast as « collateral damage » in his war against the federal government.

For some abolitionists, all that is beside the point. The state, they argue, should never execute anybody, ever. We disagree. *The Economist* would, for example, have executed the Nazi chiefs at Nuremberg. As John Stuart Mill argued, the death penalty is not inherently illiberal; when the state executes a murderer, it is not because it holds life in low regard but precisely because it holds the lives of those that the murderer dispatched in such high regard. All punishment contains an element of retribution, as well as representing a statement by society. Execution is the strongest statement you can make.

Cruel, unusual

The trouble with not being an absolutist, however, is that you then have to find somewhere to draw a line. Where, between Hitler and Mr McVeigh, should you draw it? There is not easy answer. Certainly execution, given the enormity, irreversibility and cruelty of the act, ought to be highly unusual, especially in peacetime. Killing of any sort brutalises society. The death penalty does not work as a deterrent and, as a form of revenge, it is crude, to say the least.

Then, there are the precedents. Accept Mr McVeigh's death, and how could you refuse the noose for the Libyans who planted the Lockerbie bomb (which killed more people), at least once you were sure it was them? Or those Palestinian youths who bomb Israeli buses? Or a serial killer such as Harold Shipman, a British doctor who murdered hundreds of his patients? Sadly, Mr McVeigh is not all that unusual. His crimes, terrible though they were, fall a long way short of Hitler's.

Clear lines are hard to draw. But there is one practical reason to spare Mr McVeigh. It would deprive him of what he aspires to most : martyrdom. Had he been left to rot in jail, there might have been the occasional documentary, but no media circus. He would not appear heroic ; he would not be an inspiration to anybody. He would certainly not be boasting about being the master of his fate.

It is not hard, even for opponents of the death penalty, to understand America's need to take vengeance on Timothy McVeigh. But next week's spectacle in Terre Haute is merely giving an evil man the notoriety he craves.

The Economist, May 12th 2001.

I. Compréhension du texte

A. Lisez attentivement le texte et répondez aux questions suivantes en anglais. Utilisez l'information fournie par le texte mais ne recopiez pas celui-ci.

1. What does the columnist intend to demonstrate with his opening anecdote ?
2. What do the last words chosen by McVeigh (line 23-24) reveal about the Oklahoma City bomber ?
3. For what reasons can we say that the Oklahoma City bomber is « hardly a typical victim of the death penalty » ?
4. In which specific cases would *The Economist* support the death penalty ?
5. Why doesn't *The Economist* support the death penalty in this case ?

B. En tenant compte du contexte, précisez, en anglais, le sens des expressions soulignées.

1. it harks back to (line 11)
2. have already seized on (line 30)
3. on death row (line 56)
4. « collateral damage » (line 77-78)
5. to draw a line (line 92)

C. Remplacez chacun des mots suivants par un synonyme ou une expression de même sens qui puisse convenir grammaticalement dans le passage du texte désigné.

1. grisly (line 10)
2. squabbling (line 19)
3. ghoulishness (line 25)
4. to spare (line 110)
5. media circus (line 113)

II. ESSAI

Traitez en anglais l'un des sujets suivants (250 mots environ). Cochez le numéro du sujet choisi.

1. « The death penalty does not work as a deterrent and, as a form of revenge, it is crude, to say the least ». Discuss.
2. « While most other civilised countries have forsaken the death penalty, the United States has increasingly resorted to it, placing itself alongside countries such as Congo, Iran and China ». Discuss.

LES TESTS POUR POURSUIVRE DES ÉTUDES À L'ÉTRANGER

Vous souhaitez poursuivre vos études à l'étranger, vous rêvez des campus américains et des fameuses *Business Schools* ? Vous voulez préparer un troisième cycle dans une université allemande ou perfectionner votre espagnol le temps d'une année ? Nous vous présentons, dans ce chapitre, les différents tests et diplômes qui vous permettront d'enrichir votre cursus universitaire d'une expérience en dehors de l'Hexagone.

LES TESTS À L'ENTRÉE DES UNIVERSITÉS ANGLO-SAXONNES

TOEFL ou diplômes de l'université de Cambridge, mais aussi SAT, GRE, GMAT, ou IELTS, tous ces sigles pourront vous ouvrir les portes des universités britanniques et américaines. Les diplômes et tests que nous avons répertoriés ici sont aussi des indicateurs précis de votre niveau en langues.

Le TOEFL *(Test of English as a Foreign Language)*

Créé en 1963, le **TOEFL** est un test incontournable pour ceux qui souhaitent poursuivre leurs études aux États-Unis ou au Canada anglophone. Conçu à l'intention des universités d'Amérique du Nord, ce test est en effet utilisé dans la procédure d'admission des étudiants étrangers. Depuis le mois de juillet 1998, les épreuves se déroulent principalement sur ordinateur. Le *computer-cased test* ou TOEFL-CBT dure environ quatre heures

TOEFL
La plupart des établissements exigent un score minimal de 152 à 260 points sur 300.

À SAVOIR

Le TOEFL sur ordinateur

Comme de plus en plus de tests de langues, le TOEFL se déroule sur ordinateur. Afin de ne pas défavoriser ceux qui n'ont pas l'habitude de se servir d'un clavier, vous avez le choix entre écrire votre rédaction (section *writing*) à la main ou la taper directement sur l'ordinateur. D'autre part, juste avant de débuter l'examen, vous avez une séance de travaux pratiques (*tutorial*) pour vous familiariser avec les techniques de base nécessaires pour passer le TOEFL sur ordinateur équipé d'un clavier QWERTY (américain).

et demie, et contient quatre sections : compréhension orale (*listening*) ; grammaire, syntaxe, vocabulaire (*structure*) ; compréhension écrite (*reading*) ; expression écrite (*writing*). Les sections *listening*, *structure* et *reading* vous demandent de répondre à des QCM (questionnaires à choix multiple).

• La partie *listening* sert à évaluer l'aptitude à comprendre l'anglais tel qu'on le parle en Amérique du Nord avec le vocabulaire, les expressions et la grammaire de tous les jours. À l'aide d'écouteurs et en visualisant le contexte sur l'écran de l'ordinateur, vous entendez des dialogues, des exposés et des discussions.

• La partie *structure* mesure votre aptitude à reconnaître le langage qui est approprié à l'anglais courant écrit.

• La partie *reading* repose sur la compréhension de textes non techniques.

• Pour la partie *writing*, les candidats rédigent un texte en anglais sur un sujet. Cet exercice permet d'évaluer la capacité à développer, organiser et soutenir des idées dans un anglais courant écrit.

BIBLIO

DES GUIDES POUR PRÉPARER LE *TOEFL*

Pour préparer le TOEFL, il existe plusieurs supports, traditionnels (livres + cassettes), ou plus interactifs (CD-Rom). Nous vous indiquons ici quelques références.

- ***Heinemann TOEFL Preparation Course*** **propose cinq tests complets (dont le test d'expression écrite), complétés d'explications, de réponses annotées et de deux cassettes d'accompagnement avec leur script. Heinemann, 48,78 € (livre, CD-Rom et trois cassettes).**
- ***Cracking the TOEFL,*** **Random USA, 37,96 € (livre et CD-Rom).**
- ***Prentice Hall's Practice Tests for the TOEFL.*** **Identifiant vos éventuels domaines de faiblesse, ce livre propose un travail systématique sur la compréhension, le vocabulaire, la lecture et la grammaire. Les tests d'entraînement vous aident à évaluer vos progrès. Enfin, des conseils sont donnés tant pour le temps de préparation et le savoir-faire que pour la partie « dissertation » du test. Prentice Hall, 39,64 € (livre et cassettes).**
- ***Pass Key to the TOEFL,*** **éditions Barron's, 20,59 € (livre et CD audio).**

Pour vous inscrire aux épreuves du TOEFL, adressez-vous à la Commission franco-américaine. Sachez que le TOEFL peut se passer toute l'année dans des centres à Paris, Lyon, Marseille, Rennes, Strasbourg, Bordeaux et Toulouse. Les centres d'Ajaccio, Limoges et Nice proposent une ou plusieurs fois par an de passer le test sur papier (*paper-based test*) Le coût de l'examen est de 110 $ (un peu plus de 140 €).

- Commission franco-américaine, 9, rue de Chardin, 75016 Paris, Internet : www.fulbright-france.com

Nous vous présentons quelques extraits d'une épreuve du TOEFL. Les corrections sont regroupées à la fin. Vous pouvez retrouver l'ensemble du test (en livre, cassette ou sur CD-Rom) sur le site Internet du TOEFL : www.toefl.org. Vous pouvez aussi vous entraîner gratuitement sur le site de l'institut d'anglais de l'université de Paris (Californie) : www.testwise.com

I. Listening Comprehension

Directions : in this section of the test, you will demonstrate your ability to understand conversations and talks in English. There are three parts to this section, with different directions for each part. Answer all the questions according to what the speakers say or imply.

Part A

Directions : in Part A, you will hear two people having short conversations. After each conversation, you will hear a question. The conversations and questions will not be repeated. After you hear a question, read the four possible answers and choose the best answer.

1. On the recording, you hear :

- Woman : Are you coming to the meeting tomorrow?
- Man : Of course, I'll be just around the bend.

What does the man mean?

a. He'll be close to the meeting place.
b. He'll have to be flexible to make it to the meeting.
c. He's just been to the meeting.
d. The meeting will begin when he arrives.

2. On the recording, you hear :

- Woman : What do you think of the primary race?
- Man : It's been interesting. I'll have to admit that.

What does the woman ask the man?

a. If he has been to the races.
b. What he thought of the first race.
c. If she has something on her face.
d. His opinion of the presidential primaries.

GROS PLAN

Le TOEFL commenté

Le site Internet du TOEFL (www.toefl.org) propose des livres, cassettes et CD-Rom pour s'entraîner et se préparer au mieux. Voici un exemple concernant une question de la section *listening comprehension* du QCM.

On the recording, you hear :

- Woman : Are you coming to the meeting tomorrow?
- Man : Of course, I'll be just around the bend.

Question : What does the man mean?

a. He'll be close to the meeting place.

b. He'll have to be flexible to make it to the meeting.

c. He's just been to the meeting.

d. The meeting will begin when he arrives.

Commentaire : Answer (c) contains a homophone. « Just been » is a homophone that sounds similar to « just around the bend », which was said in the original conversation. You should not be distracted into choosing that answer simply because it sounds similar. Both answers (b) and (c) repeat the word meeting. This is another common type of distractor that is related to homophones. When an answer repeats the same words that appear in the conversation, you may be tempted to choose it. However, usually the answer that sounds most like the conversation, whether because of homophones or repeated words, is wrong. In this case, (a) is the correct answer because « just around the bend » is an idiomatic expression that means « nearby ». You will also notice that (a) sounds the most different from the original conversation. There is no guarantee that the correct answer on TOEFL will always be the one that sounds the most different, but the correct answer is usually a complete rephrasing of the conversation.

3. On the recording, you hear :

• Woman : Will you be at the library tonight?

• Man : No way! I've got tickets to the game.

What does the man say?

a. That he will not go to the game.
b. That he doesn't have a way to the game.
c. That he is going to a sporting event.
d. That he came to the library the previous night.

Part B

Directions : on this part of the test, you will hear slightly longer conversations. After each conversation, you will hear several questions. Neither the conversations nor the questions will be repeated. After you hear a question, read the four possible answers and choose the best one.

On the recording, you hear :

• Man : Terry, I'm looking for some computer disks.

• Woman : Well, there aren't any here. Have you tried asking someone in Supplies?

• Man : I just did, but they said they're out of them. I really need the disks. I want to make extra copies of a few documents and reports, just in case something happens to my computer.

• Woman : Perhaps you should just go to an office supply shop and buy some disks yourself.

• Man : Maybe I'll do that.

1. What is the relationship of the speakers?

a. Lawyer and client
b. Teacher and student
c. Office mates
d. Store clerk and customer

2. Where does this conversation probably take place?

a. A computer store
b. An office

c. A department store
d. An office supply shop

Part C

Directions : on this part of the test, you will hear several talks. After each talk, you will hear some questions. Neither the talks nor the questions will be repeated. After you hear a question, read the four possible answers and choose the best one.

On the recording, you hear :

• Man : I'd like to tell you about an interesting TV program that'll be shown this coming Thursday. It'll be on from 9 to 10 p.m., on Channel 4. It's part of a series called « Mysteries of Human Biology ». The subject of the program is the human brain – how it functions and how it can malfunction. Topics that will be covered are dreams, memories and depression. These topics are illustrated with outstanding computer animation that makes the explanations easy to follow. Make an effort to see this show. Since we've been studying the nervous system in class, I know you'll find it very helpful.

1. What does the speaker mainly discuss ?
a. Science programs on TV
b. Dreams, memories and depression
c. Requirements for the class
d. A television program on the human brain

2. How does the speaker feel about the topic ?
a. Enthusiastic
b. Confused
c. Inquisitive
d. Embarrassed

3. What is the man's probable vocation ?
a. Teacher
b. Tour guide
c. Television executive
d. Physician

II. Structure & Written Expression

Directions : this section is designed to measure your ability to recognize language that is appropriate for standard written English. There are two types of questions in this section, with special directions for each type.

Part A

Directions : questions 1-4 are incomplete sentences. Beneath each sentence you will see four words or phrases, marked a, b, c, d. Choose the one word or phrase that best completes the sentence.

1. Every spring, millions of American children ...... the custom of searching for Easter eggs hidden the night before by their parents.

a. Enjoying
b. Enjoys
c. Who enjoy
d. Enjoy

2. ...... of evolution involves the concept of survival of the fittest, often called natural selection.

a. That the theory
b. Of the theory
c. The theory
d. Theories

3. We came here...... the beautiful beaches.

a. For visit
b. Visiting
c. To visit
d. For visiting

4. The method...... products are recycled requires a strict separation of white and colored paper.

a. Which most paper
b. By which most paper
c. That most paper
d. Most paper

Part B

Directions : in questions 1-5 each sentence has four underlined words or phrases. The four underlined parts of the sentence are marked (a), (b), (c), and (d). Identify the one underlined word or phrase that must be changed in order for the sentence to be grammatically correct.

1. While she (a) has been addressing (b) the committee, she kept (c) repeating the main (c) points of her speech.

2. The (a) presidential committee will both recommend (b) the new proposal (c) or make improvements in the (d) existing one.

3. (a) Too many political posters (b) litter the streets (c) during an (d) elective year.

4. They had (a) difficulty identifying the man (b) committed the crime (c) because of the poor (d) lighting along the street.

5. As the surgeon (a) operated the patient there (b) were a number of specialists who (c) looked on from the viewing room in order to learn (c) how to do the new procedure.

III. Reading Comprehension

Directions : in this section you will read several passages. Each one is followed by several questions about it. For this section, you are to choose the one best answer, (a), (b), (c), or (d), to each question. Answer all the questions following a passage on the basis of what is stated or implied in that passage.

Questions 1-2 refer to the following passage :

There is a crisis in faith among Americans today regarding their political system. This has heavily affected the last two election cycles. Candidates are addressing the integrity of the system and the importance of Democracy more and more frequently in what appears to be an effort to restore voters' trust in « politics as usual ».

1. The word « this » in line 2 refers to :
a. A crisis in American political institutions
b. Doubts among U.S. citizens about the political system
c. The American political system
d. A campaign cycle

2. The word integrity in line 3 is closest in meaning to
a. Character
b. Honesty
c. Deceit
d. Cunning

Question 3 refers to the following passage :
One of the most successful communal experiments in the New World was that of the Shakers, a sect that fled from England to New York State in 1774 in order to escape religious bigotry. In America, they adopted the name Shaker, once used derisively by the English to describe the dance they performed when in a state of religious ecstasy. At the movement's peak, in the decade prior to the Civil War, there were 6,000 Shakers in eighteen communities throughout the Eastern States. Since then, however, the Shakers gave almost dwindled away. Today, only two active Shaker communities remain, with a total membership of eighteen, all female. The Shakers are resigned to the death of their sect, as they have never believed that everyone could be persuaded to share their beliefs.

3. Where did the Shaker movement begin?
a. The Eastern States
b. The New World
c. New York
d. England

IV. Writing
Writing measures ability to write in English on an assigned topic. This includes the ability to generate and organize ideas, to support those ideas with examples or evidence, and to compose in standard written English in

response to an assigned topic. You will be given a topic and will have 30 minutes to write an essay on that topic.

1. When choosing a place to live, what do you consider most important : location, size, style, number of rooms or other features ? Use reasons and specific examples to support your answer.

2. Films can tell us a lot about the country in which they were made. What have you learned about a country from watching its movies ? Use specific examples and details to support your response.

3. Because of developments in communication and transportation, countries are becoming more and more alike. How is your country becoming more similar to other places in the world ? Use specific examples and details to support your answer.

4. Modern life is causing many traditions and beliefs to become less important. Choose one tradition or belief and explain why you think it should be continued and maintained. Use specific reasons and examples to support your answer.

5. People attend colleges or universities for many different reasons (for example, new experiences, career preparation, increased knowledge). Why do you think people attend colleges ? Use specific reasons and examples to support your answer.

Corrigés :

I- Listening :

Part A : 1a ; 2d ; 3c.

Part B : 1c ; 2b.

Part C : 1d ; 2a ; 3 a.

II- Structure :

Part A : 1d ; 2c ; 3c ; 4 b.

Part B : 1a ; 2d ; 3d ; 4b ; 5a.

III- Reading :

1b ; 2 b ; 3d.

À SAVOIR

Des équivalences entre les tests de langues européennes

Organisme subventionné par la Communauté européenne, l'association des centres d'évaluation en langues en Europe (ALTE — Association of Language Testers in Europe) s'efforce, depuis 1990, d'harmoniser les tests de langues européennes. Elle compte parmi ses membres l'Université de Cambridge, le Goethe Institut, l'institut Cervantès, l'Alliance française et 14 autres centres d'évaluation européens. L'objectif est de permettre aux institutions d'enseignement, aux étudiants et aux recruteurs d'établir des correspondances entre les tests de langues différentes autour d'une référence commune.

L'ALTE développe des normes d'évaluation communes qu'elle applique à 15 langues européennes. Elle a établi un barème international à cinq échelons allant d'un niveau élémentaire à un niveau de maîtrise supérieure qui approche celui d'un locuteur de langue maternelle.

Le niveau 1 (locuteur débutant ou de niveau élémentaire) suppose une maîtrise très limitée de la langue dans les situations les plus courantes de la vie quotidienne. Le candidat peut comprendre et est capable de transmettre des messages simples. À ce niveau, la langue peut être utilisée dans des situations de survie ou pour obtenir des éléments essentiels d'information.

Le niveau 2 (locuteur de niveau seuil ou de niveau intermédiaire) implique une bonne maîtrise de la langue dans un certain nombre de situations familières. L'utilisateur de niveau 2 peut, par exemple, prendre part à une réunion portant sur des sujets familiers, comprendre les grandes lignes d'une visite guidée, obtenir des informations courantes dans un syndicat d'initiative...

➡

➡

Le niveau 3 (locuteur indépendant ou de niveau avancé) suppose une assez bonne maîtrise de la langue dans un grand nombre de situations familières. À ce niveau, le locuteur est capable d'intervenir dans une réunion, mais ne peut pas saisir des arguments d'une certaine complexité. Il s'exprime de manière assurée, peut, dans une certaine mesure, exprimer des opinions et faire face à des situations délicates (demander un remboursement, exprimer un mécontentement...). On considère qu'à ce niveau de maîtrise de la langue, l'utilisateur est capable de travailler ou d'étudier dans le pays où la langue est parlée.

Le niveau 4 (locuteur compétent ou de niveau supérieur) suppose une bonne maîtrise de la langue dans une grande gamme de situations. À ce niveau, l'utilisateur peut participer de façon active et assurée à des conversations et des réunions. Les examens de ce niveau attestent d'une maîtrise de la langue suffisante pour entreprendre des études théoriques universitaires ou pour occuper des postes à responsabilité dans un pays où la langue est parlée.

Le niveau 5 (locuteur autonome ou de niveau de maîtrise) traduit une excellente maîtrise d'usage de la langue. À ce niveau, la compétence linguistique de l'utilisateur est proche de celle d'un locuteur natif cultivé ; il est capable d'utiliser la langue de manière appropriée dans des situations sociales très variées. Le succès aux examens de ce niveau traduit la capacité de l'utilisateur à poursuivre des études de haut niveau ou même à faire de la recherche dans un pays où la langue est utilisée.

• Pour plus d'information, le site Internet d'ALTE (www.alte.org) détaille les différents niveaux et fournit la liste des diplômes correspondants.

Le SAT *(Scholastic Assessment Test)*

Ce test comporte deux niveaux : SAT I *reasoning test* et SAT II *subject tests* du College Board. Le SAT I *reasoning test* est un examen d'une durée de trois heures. Il évalue les connaissances en anglais et en mathématiques des étudiants américains ou étrangers désireux de poursuivre leur formation *Undergraduate* (premier cycle universitaire) aux États-Unis.

Les SAT II ***subject tests*** sont des tests de connaissances dans 22 disciplines différentes (histoire américaine, histoire mondiale, biologie, physique, chimie, anglais, latin, français, mathématiques, etc.). C'est à vous de choisir la discipline dans laquelle vous souhaitez vous spécialiser. La durée de chaque *subject test* est d'une heure. Le SAT I et le SAT II peuvent être exigés par tout établissement (université ou collège) auprès duquel vous demandez une admission. De façon générale, les universités précisent si l'étudiant doit fournir les résultats de l'un ou de l'autre de ces deux examens.

SUBJECT TESTS
Les *subject tests* s'adressent à des étudiants titulaires du bac ou qui ont déjà effectué une ou deux années dans l'enseignement supérieur.

Pour vous inscrire aux tests, contactez la Commission franco-américaine qui envoie des bulletins de candidature et renseigne volontiers sur les démarches à suivre. En France, les tests peuvent être passés à Aix-en-Provence, Colomiers (Toulouse), Lyon, Nice, Paris, Sophia-Antipolis, Rennes, Strasbourg et Saint-Cloud.

Les frais d'inscription pour le SAT I s'élèvent à 40 $ (45,40 €) et varient de 6 $ à 11 $ (6,41 € à 12, 48 €) selon les disciplines choisies, pour le SAT II. Pour réviser, vous pouvez consulter *How to Prepare for the SAT*, éditions Barron's (SAT I livre seul 21,72 €; livre et CD-Rom 43,45 €; SAT II de 22,87 € à 27,44 € selon la discipline) ou vous connecter au site Internet du College Board : www.collegeboard.org.

BIBLIO

DES GUIDES POUR PRÉPARER LES DIPLÔMES BRITANNIQUES

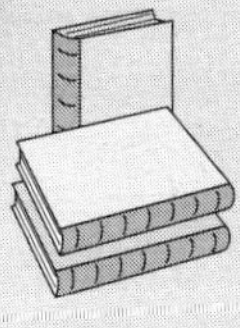

Si vous souhaitez présenter le *Certificate in Advanced English*, puis le *Certificate of Proficiency in English* de l'université de Cambridge, vous trouverez ci-dessous deux guides qui vous aideront à réviser.

***The Cambridge CAE Course*, Cambridge University Press, 23,17 €. Ce guide est une méthode permettant de se familiariser tant avec le contenu qu'avec la forme de l'examen, tout en travaillant les compétences essentielles à ce niveau.**

***Proficiency Testbuilder*, Heinemann, environ 30 € (livre, corrigés et cassette). Ce manuel vous présente quatre tests complets, suivis à chaque fois de 12 pages d'explications, ainsi que d'exercices complémentaires.**

Le *GRE (Graduate Record Examination)*

Le GRE permet l'accès à tous les *Masters* américains autres que le MBA. Le GRE est exigé des étudiants qui sollicitent un poste de *teaching* ou de *research assistant* directement auprès d'une université américaine. L'examen, qui se présente sous la forme d'un QCM, comporte trois parties : le *general test*, les *subject tests* et le GRE *writing assessment*.

Le *general test* mesure les compétences et connaissances verbales, quantitatives et analytiques. L'ordinateur traite votre réponse donnée à une question et le résultat, bon ou mauvais, détermine la question suivante *(adaptive testing)*. Le *general test* du GRE est organisé à diverses dates,

GENERAL TEST
Les épreuves informatisées s'adaptent à votre niveau. Un conseil : répondez à toutes les questions.

tout au long de l'année. Vous pouvez le passer à Bordeaux, Lyon, Marseille, Paris, Rennes, Strasbourg et Toulouse. Le coût du *general test* sur ordinateur s'élève à 130 $ (147,54 €). Pour vous inscrire, contactez la Commission franco-américaine, qui vous adressera un formulaire.

• Commission franco-américaine, 9, rue Chardin, 75016 Paris, tél. 01.44.14.53.60, Internet : www.fulbright-france.com

Les *subject tests* représentent la deuxième partie du GRE. Ils évaluent vos connaissances de base (surtout en vocabulaire) dans les disciplines suivantes : biochimie, sciences informatiques, économie, géologie, histoire, littérature, mathématiques, musique, sciences physiques, sociologie ou psychologie. Vous pouvez passer les *subject tests* à Paris, Bordeaux, Lyon, Montpellier et Strasbourg, trois fois par an, en novembre, décembre et avril. Le coût de l'inscription est de 150 $ (170,24 €).

Le GRE *writing assessment,* troisième partie du GRE, est composé de deux rédactions analytiques. Les épreuves se déroulent dans les mêmes villes que le *general test*. Son coût est de 60 $ (68,10 €). Deux manuels permettent de se mettre en situation d'examen : Le *How to Prepare for the GRE*, aux éditions Barron's (35,85 €) ou *Cracking the GRE* aux éditions Random USA (27,44 €). Vous pouvez également vous connecter au site Internet du GRE : www.gre.org

Le GMAT *(Graduate Management Admission Test)*

Le GMAT évalue les connaissances verbales, les aptitudes rédactionnelles ainsi que votre niveau en mathématiques appliquées à la gestion. Les deux premières parties du test (d'une durée totale de trois heures et demie) se présentent sous forme de QCM. Les candidats sont ensuite soumis à un exercice rédactionnel sur deux sujets différents pendant une heure. Comptez donc une bonne matinée ou une après-midi au centre d'examen où vous allez passer le GMAT. Comme pour le TOEFL, le

SAT et le GRE, les épreuves du GMAT se déroulent sur ordinateur. Il permet aux étudiants de s'inscrire dans une école américaine de gestion (*Business School*) qui prépare au fameux MBA (*Master of Business Administration*).

Vous pouvez vous procurer un bulletin d'information et une feuille d'inscription auprès du centre de documentation de la Commission franco-américaine. Le GMAT peut être passé toute l'année à Paris, Bordeaux, Lyon, Marseille, Rennes, Strasbourg et Toulouse. Les frais d'examen sont de 200 $ (226,63 €). Pour réviser, vous pouvez consulter deux manuels : *The Official Guide for GMAT*, aux éditions ETS (30,64 €) ou *ARCO-GMAT-CAT*, aux éditions Prentice Hall (16,45 € le livre). Vous pouvez aussi vous connecter au site Internet du GMAT : www.gmac.com

Si vous partez au Royaume-Uni sans faire partie d'un programme d'échange, vous devez passer l'IELTS *(International English Language Testing System)*. Ce système d'évaluation, administré par l'université de Cambridge et le British Council, mesure les facultés linguistiques nécessaires pour étudier dans l'enseignement supérieur anglophone.

Conçu comme une alternative au TOEFL américain, l'IELTS est reconnu par de nombreuses universités en Grande-Bretagne, en Australie et au Canada. L'IELTS dure deux heures quarante-cinq et comporte quatre épreuves de compréhension écrite et orale, d'expression écrite et orale. Les résultats du test situent les candidats sur une échelle de niveau comportant neuf degrés, allant de la capacité à survivre dans un environnement anglophone jusqu'au locuteur biculturel, en passant par une assez bonne maîtrise de la langue dans des situations familières.

Des sessions d'examen sont organisées chaque lundi à Paris et une fois par mois à Bordeaux. Les frais d'inscription sont de 137,20 €. Pour tout renseignement concernant l'IELTS, adressez-vous au British Council 9, rue de Constantine, 75007 Paris, tél. 01.49.55.73.00; Internet : www.britcoun.org/. Pour vous préparer, vous pouvez vous procurer, toujours auprès du British Council, le manuel *How to Prepare for IELTS* (22,87 €, frais d'envoi compris) ou vous entraîner sur le site de l'IELTS : www.ielts.org

Les certificats de l'université de Cambridge

Le CAE *(Certificate of Advanced English)* et le CPE *(Certificate of Proficiency in English)* sont des diplômes de l'université de Cambridge. Créés en 1913, ils sont bien connus à l'étranger et jouissent toujours d'une réputation de qualité et de sérieux.

Le CAE et le CPE valident un niveau en langue anglaise suffisamment avancé pour poursuivre des études supérieures en Grande-Bretagne. Ces examens sont rattachés au barème international, en cinq niveaux, établi par l'ALTE (Association of Language Testers in Europe). Le CAE (*Certificate of Advanced English*) correspond au niveau 4, le CPE *(Certificate of Proficiency in English)*, au niveau 5.

CAE, CPE
Sachez qu'en France, les titulaires des CAE et CPE peuvent être dispensés de certaines unités de valeur ou de certains modules de langue anglaise. Ces décisions sont laissées à la discrétion des universités.

Les épreuves du CAE et du CPE s'organisent de la même façon, seul le niveau diffère. L'ensemble des savoir-faire est évalué : compréhension écrite et orale, expression écrite et orale, anglais en situation. Deux sessions d'examen sont organisées chaque année : en décembre et en juin. Les droits d'inscription pour le CAE sont de 133 € et pour le CPE de 140 €. Pour tout renseignement concernant les inscriptions, adressez-vous à l'Institut britannique de Paris, tél. 01.44.11.73.73 ou 01.44.11.73.75 pour les examens de Cambridge, Internet : www.bip.lon.ac.uk/

LES DIPLÔMES ALLEMANDS

Trois diplômes dispensent de l'examen linguistique d'entrée dans une université allemande : la ZOP *(Zentrale Oberstufenprüfung)*, le KDS *(Kleines Deutsches Sprachdiplom)*, le GDS *(Großes Deutsches Sprachdiplom)*. Tous trois sont organisés par le Goethe Institut.

La ZOP *(Zentrale Oberstufenprüfung)*

Ce diplôme est reconnu comme examen linguistique donnant accès à des études universitaires en Allemagne et atteste d'une bonne maîtrise de la langue standard, y compris de certains régionalismes. Il sanctionne un niveau d'études supérieures de la langue allemande correspondant au DEUG. Les titulaires de la **ZOP** sont en mesure de comprendre des textes difficiles et de s'exprimer avec aisance, ce aussi bien à l'oral qu'à l'écrit.

> **ZOP**
> **Cet examen ne peut être passé que dans les Goethe Instituts d'Allemagne.**

La partie écrite de l'examen se compose d'une explication de texte, d'exercices structuraux et lexicaux, et d'une dissertation. À l'oral, vous devez proposer au jury un thème de culture générale, d'actualité ou un sujet en relation avec vos études, vos loisirs… Après une préparation d'environ vingt minutes, vous devez faire un exposé pendant cinq minutes, puis répondre aux questions du jury et vous livrer enfin à un exercice de lecture. Les inscriptions coûtent 121,96 €, et 59,46 € pour les élèves de l'X.

Le KDS *(Kleines Deutsches Sprachdiplom)*

Le KDS, délivré au nom de l'université de Munich, est un diplôme allemand de niveau équivalant à celui de la ZOP (ces deux examens correspondent d'ailleurs au niveau le plus élevé de maîtrise de la langue défini par l'Association of Language

Testers in Europe). Mais, en plus de la maîtrise de la langue, le KDS valide de solides connaissances en culture et civilisation allemandes.

L'examen écrit fait l'objet d'une explication de texte, d'exercices structuraux et lexicaux. Pour la partie orale, vous devez faire un exposé sur un sujet choisi par le jury. La plupart des thèmes sont transversaux. On peut, par exemple, vous demander de comparer les systèmes éducatifs allemand et français. La lecture d'un texte non préparé complète l'épreuve orale. L'inscription au KDS coûte 150 €. Des tarifs spéciaux sont prévus pour les élèves du Goethe Institut. Deux sessions d'examen sont organisées chaque année, l'une au mois de mai, l'autre au mois de novembre. Pour vous inscrire, prenez contact avec le Goethe Institut de votre ville au moins deux mois avant les dates indiquées : Internet : www.goethe/de/fr/par

Le GDS (*Großes Deutsches Sprachdiplom*)

Ce diplôme valide un niveau de langues équivalant à une maîtrise d'allemand ; il constitue la plus haute qualification linguistique que délivre le Goethe Institut. L'**examen** écrit consiste en une dissertation et une explication de texte portant à la fois sur le contenu, le vocabulaire et le style. L'épreuve comporte aussi des questions sur la littérature allemande, les sciences économiques ou les sciences naturelles. De même qu'à l'oral, vous devez témoigner de connaissances approfondies de la civilisation allemande.

EXAMEN
Le coût du GDS est de175 €. Deux sessions sont prévues, l'une en mai et l'autre en novembre.

Le GDS permet d'accéder à des études universitaires littéraires en Allemagne. Dans certains pays, il est reconnu comme qualification linguistique pour les futurs professeurs d'allemand. Il sert également de qualification linguistique aux professeurs de l'Union européenne qui veulent travailler en Allemagne.

Un manuel coédité par le Goethe Institut et Verlag für Deustch, *Großes Deutsches Sprachdiplom Übungsaufgaben mit Lösungen* (14,89 €), présente un choix de sujets déjà posés pour se préparer aux épreuves dans des conditions réelles.

UN DIPLÔME ESPAGNOL

Le **DELE** (*diploma de español como lengua extranjera*) définit, selon les résultats obtenus, trois niveaux de compétence :

• le *certificado inicial de español* correspond au niveau débutant. Avec un vocabulaire limité et quelques tournures grammaticales, vous arrivez à suivre une conversation simple (indications, expression de besoins, etc.) ; le coût est de 100 $.

• le *diploma básico de español* valide des compétences plus étendues et indique que son titulaire est capable d'avoir une communication aisée sur des sujets de la vie courante et quotidienne (110 $) ;

• enfin, le *diploma superior de español* reconnaît votre connaissance de la langue et de la culture espagnoles (125 $).

DELE

Ce diplôme, reconnu par le ministère de l'Éducation nationale espagnol, est organisé conjointement par l'université de Salamanque et l'institut Cervantès.

Le DELE vous permet de justifier vos compétences linguistiques. Cependant, ce diplôme ne vous ouvre pas directement les portes d'une université espagnole ou celle d'un pays hispanophone. Pour cela, vous devez vous soumettre à un test organisé directement par l'établissement.

Deux sessions d'examens sont organisées chaque année en mai et novembre. Pour vous préparer au DELE, vous pouvez consulter les guides : *Preparación para el diploma básico de español langua extranjera*, aux éditions Edelsa (14,94 €) ou *Preparación para el diploma superior de español langua extranjera* (16,77 €), chez le même éditeur. Vous les trouverez dans toutes les librairies espagnoles ou sur Internet : http://cvc.cervantes.es/aula/dele

LES TESTS À USAGE PROFESSIONNEL

Vous êtes sur le point d'entrer sur le marché du travail et vous n'avez pas eu l'occasion de valider vos compétences linguistiques au cours de votre formation universitaire ? Vous souhaitez valoriser votre CV par un diplôme de langues spécialisées ? Il existe un large éventail de diplômes et de tests à usage professionnel : les uns sont organisés par les instituts culturels étrangers (Institut britannique, le Goethe Institut, institut Cervantès), d'autres par les chambres de commerce et d'industrie franco-étrangères et bientôt par les universités, avec la mise en place des CLES (certificats de compétences en langues pour l'enseignement supérieur). Certains sont généralistes comme le TOEIC *(Test of English for International Communication)*, un test américain qui commence à se répandre dans les entreprises françaises, d'autres sont spécialisés : langue pour le commerce et les affaires, langue pour le tourisme…

En dehors des diplômes mis en place par des institutions culturelles ou économiques dans chaque pays, il existe aussi des certificats européens qui permettent des correspondances de niveaux entre une dizaine de langues (anglais, espagnol, italien, néerlandais, portugais, russe…).

LE TOEIC

De plus en plus utilisé par les entreprises et cabinets de recrutement en France, le **TOEIC** permet d'évaluer la connaissance de l'anglais dans un contexte professionnel. Si vous êtes sur le point d'entrer sur le marché du travail, le TOEIC est un bon moyen

TOEIC
Le *Test of English for International Communication* s'adresse à toute personne non anglophone et sert à évaluer son niveau.

de confirmer votre niveau d'anglais. Il est aussi adopté par de nombreuses universités et grandes écoles comme test d'entrée ou de sortie. Constitué de 200 questions à choix multiple, le TOEIC évalue de façon directe la compréhension orale et écrite. Au cours de l'épreuve, qui dure environ deux heures et demie, plusieurs domaines et contextes professionnels sont abordés : finance, bureau, activités d'une entreprise, voyages…

L'échelle des scores

Comme le TOEFL, le TOEIC n'est pas une épreuve sanctionnée de réussite ou d'échec. Il valide un éventail de niveaux, sur une échelle allant de faux débutant à débutant avancé. Le score obtenu au TOEIC vous permet d'établir ou de faire reconnaître, auprès d'un employeur par exemple, ce que vous pouvez accomplir en langue anglaise. En fonction du score obtenu, votre niveau correspond aux descriptions ci-après (celles-ci sont inspirées des définitions du Foreign Service Institute des États-Unis).

De 905 à 990 points, niveau international : communication aisée, peut conduire une réunion; compréhension globale bonne et précise dans la plupart des domaines; bonne maîtrise de la grammaire et du vocabulaire, hésitations rares, vitesse de parole normale.

De 785 à 900 points, niveau opérationnel : communication relativement aisée, sans hésitation (sauf en cas de stress); peut conduire une réunion; compréhension générale ou spécifique assez bonne dans la plupart des domaines; expression relativement aisée; quelques points faibles en grammaire.

De 605 à 780 points, niveau opérationnel minimum : capable de tenir une conversation avec assurance, mais avec une maîtrise du vocabulaire limitée; compréhension du sens global des conversations dans un domaine connu et sans trop de complexité ; peut fournir des informations personnelles ; recours aux constructions simples et à la périphrase.

PRATIQUE

OÙ SE RENSEIGNER

Il existe deux centres TOEIC en France, l'un à Paris, l'autre à Lyon. Deux ou trois sessions d'examen y sont organisées chaque semaine. Ces deux centres pourront aussi vous communiquer les coordonnées des quelque 60 autres centres dans toute la France qui sont agréés pour faire passer le TOEIC. Renseignez-vous ensuite auprès de chacun d'eux pour connaître les dates auxquelles le test est organisé.

En raison du grand nombre de candidats – près de 50 000 personnes ont passé le TOEIC en 2000 en France –, il est recommandé de s'inscrire au moins quinze jours avant la session auprès du centre d'examen. L'inscription au TOEIC coûte 68,60 € pour les salariés et 57,93 € pour les étudiants et les demandeurs d'emploi.

- **Centre TOEIC Paris, 66, avenue des Champs-Élysées, immeuble E, 75008 Paris, tél. 01.40.74.05.21.**
- **Centre TOEIC Lyon, 32, rue Neuve, 69003 Lyon, tél. 04.78.60.48.25, Internet : www.toeic-france.com**

De 405 à 600 points, niveau professionnel élémentaire : peut engager un dialogue dans un contexte limité ; échanges possibles avec un interlocuteur averti ; compréhension étendue au-delà de la survie immédiate dans des domaines socio-professionnels courants ; production spontanée du langage ; peut s'exprimer au présent, passé, futur ; certaines lacunes au niveau du vocabulaire et de la phonétique.

De 255 à 400 points, anglais de survie : échanges possibles avec un interlocuteur habitué à entretenir un dialogue avec les étrangers ; hésitations et erreurs fréquentes ; compréhension limitée aux événements élémentaires de la vie courante ;

GROS PLAN

DES SECRÉTAIRES BILINGUES CHEZ ACCENTURE

Chez Accenture, société de conseil aux entreprises, l'anglais courant est indispensable. Le TOEIC s'est imposé comme un outil de référence pour évaluer le niveau en langues des candidats. « Pour les secrétaires, nous exigeons un score de 785 points, expose la responsable du recrutement. Ce score est supérieur à ce qui est normalement requis pour de tels postes, mais justifié, poursuit-elle, par les impératifs liés à la profession. Une secrétaire doit être capable de rédiger des rapports, des comptes rendus de conférences, ou encore, d'assumer un travail de relecture d'une grande précision. Nous ne pouvons pas nous permettre d'embaucher des gens dont l'anglais est certes courant, mais approximatif, surtout à l'écrit. »

En revanche, pour le personnel consultant, les analystes-programmeurs, les ingénieurs ou les concepteurs qui présentent un haut niveau de technicité, Accenture se montre moins pointilleux avec l'anglais. Tous les candidats sont cependant soumis au TOEIC et l'entretien de sélection se fait à la fois en français et en anglais. « Mais le candidat qui a une pratique un peu hésitante de l'anglais à l'oral n'est pas systématiquement écarté, à condition, bien sûr, que ses compétences et son savoir-faire soient de grande qualité », souligne la responsable du recrutement.

dialogues simples pour exprimer des fonctions élémentaires, telles que présentations, directions, politesse, etc.

De 10 à 250 points, niveau débutant à faux débutant : ne peut reproduire que des informations apprises par cœur ; communication hésitante et aléatoire ; compréhension limitée aux domaines de la survie immédiate ; style télégraphique, peu de signes de spontanéité et de flexibilité ; peut nommer des objets, couleurs, vêtements et personnes ; connaissance des jours, mois, dates et heures.

Il est à noter que les entreprises déterminent de plus en plus fréquemment le résultat à obtenir pour un poste donné. Renault exige par exemple un score au TOEIC au moins égal à 750. Chez Packard Bell Nec, un score TOEIC minimal (avoisinant les 800 points) est associé à chaque type de poste.

Comment se préparer au TOEIC ?

Le TOEIC ne nécessite pas une préparation à l'aide de manuels ou de programmes spécifiques. Il faut connaître l'anglais d'une personne qui utilise la langue dans sa vie professionnelle de tous les jours. Inutile donc d'ingurgiter des manuels de vocabulaire technique ou du monde des affaires.

La partie compréhension orale requiert une pratique régulière de la langue. Si tel n'est pas votre cas, nous vous conseillons de vous remettre à l'anglais en écoutant la radio, en regardant des vidéos ou les chaînes anglophones du satellite. La lecture de journaux se révèle fort bénéfique. La meilleure façon d'exercer son oreille et de pratiquer étant, notamment, de converser avec des amis anglais.

La partie compréhension écrite est fondée sur un **QCM**. Si cela fait longtemps que vous ne vous êtes pas livré à ce genre d'exercices, il est recommandé de reprendre des annales de préparation aux principaux tests. Vous pouvez aussi vous procurer auprès des centres TOEIC le *Manuel du candidat*. Celui-ci vous permet de vous familiariser avec le contenu des épreuves ; il vous présente les différents sujets abordés, l'interprétation et la validité des résultats, ainsi que la meilleure façon de se préparer au TOEIC.

> **QCM**
> **Attention : les QCM exigent à la fois une lecture attentive et de la rapidité.**

GROS PLAN

Entrée du TOEIC chez Dassault Aviation

Responsable du recrutement et des relations avec les écoles chez Dassault aviation, Cécile Giraud travaille à la mise en place d'un référentiel : quel niveau de langues doit-on exiger pour un poste donné ? comment établir des correspondances de niveau d'une langue à l'autre ? Il n'est cependant question pour le moment que de l'anglais. Le TOEIC fait donc son entrée comme outil d'évaluation chez Dassault Aviation.

Cécile Giraud a l'intention de rendre obligatoire ce test pour tous les cadres avec un score minimum à atteindre de 750 points. « Pour un début, ce n'est pas si mal. Si certains cadres ont des difficultés, nous leur ferons suivre un cycle de formation. Quant aux jeunes diplômés, ceux qui ont passé le TOEIC dans les dix-huit mois précédant leur embauche seront dispensés d'une nouvelle évaluation en langues. Avant, nous nous souciions peu du niveau en langues des candidats, un entretien en anglais suffisait », explique-t-elle. Cette politique est révolue. « Notre avenir est européen. Nous ne pouvons plus nous permettre de mal parler l'anglais. Plus de la moitié de nos clients sont étrangers. À nous de prendre les mesures nécessaires pour les satisfaire », déclare-t-elle.

Quatre guides spécialisés

Il existe aussi des guides spécialisés qui permettent de se préparer spécifiquement au TOEIC. Le *TOEIC Official Test-Preparation Guide* est officiellement validé par l'ETS (Educational Testing Services), organisme créateur du TOEIC. Il contient 400 questions corrigées et commentées et est accompagné d'une cassette (36,59 €). *Longman Preparation Series for the* TOEIC *Test Introductory Cause*, éditions Helix Booles (26,05 € le livre ou 72,98 € le livre et la cassette) est une

PRATIQUE

Contrôler ses compétences en langues à l'université

En avril 2000, le CNESER (Conseil national de l'enseignement supérieur et de la recherche) a approuvé la mise en œuvre progressive d'un CLES (certificat de compétences en langues pour l'enseignement supérieur). Ce certificat s'adresse aux étudiants qui suivent une formation universitaire non spécialisée en langues et sera, à terme, exigé de toute personne souhaitant reprendre des études supérieures. Il vise à « favoriser et valoriser la formation en langues des étudiants de l'enseignement supérieur », en validant les compétences acquises dans une ou plusieurs langues. Ainsi, à l'issue de ses études, tout diplômé devrait pouvoir bénéficier d'une reconnaissance officielle certifiant de son niveau de maîtrise d'une ou plusieurs langue(s) étrangère(s). Dès qu'ils s'estiment prêts, les étudiants peuvent se présenter aux épreuves. Les premières sessions d'examen ont eu lieu dans des établissements volontaires au cours de l'année scolaire 2000-2001.

Le CLES se décline en trois niveaux :

Le premier degré atteste d'une maîtrise de la langue supérieure à celle exigée en langue vivante 1 au bac.

Le deuxième degré qualifie une compétence à comprendre le contenu essentiel de sujets concrets ou abstraits dans un texte complexe, à saisir une discussion spécialisée dans un contexte professionnel et à s'exprimer de façon claire et spontanée.

Le troisième degré atteste une parfaite maîtrise de la langue écrite et parlée dans des contextes complexes. Les épreuves durent de deux à cinq heures et évaluent la compréhension orale et écrite, l'expression écrite et orale de la langue choisie.

préparation générale au TOIEC pour les candidats qui souhaitent obtenir un score allant de 200 à 600 points. Du même auteur et chez le même éditeur, *Longman Preparation Series for the TOEIC Test Advanced Course* (33,92 € le livre ou 50,54 € le livre et deux cassettes) propose exercices et tests d'entraînement pour un score compris entre 450 et 850 points. *Practice TOEIC Test*, éditions Prentice Hall Regents (4,42 € et 8,54 € les livres et 15,19 € la cassette) propose des tests de niveau différents. Enfin, le site Internet www.toeicmirror.com propose des modules de compréhension écrite et orale en ligne. Pour accéder à l'un des deux modules, il vous en coûtera 5 $ (5,67 €).

LES CERTIFICATS DES CENTRES ET INSTITUTS CULTURELS

À l'origine de nombreuses manifestations (expositions, conférences…), les instituts et centres culturels proposent aussi des diplômes et tests de langues.

Les diplômes de l'Institut britannique et du British Council

Deux diplômes d'anglais professionnel sont proposés par l'Institut britannique, 11, rue de Constantine, 75007 Paris, tél. 01.44.11.73.73, Internet : www.bip.lon.ac.uk, et un autre par le British Council, 9-11, rue de Constantine, 75007 Paris, tél. 01.49.55.73.00 ou 08.92.68.44.14, Internet : www. britcoun. org/france/

Le certificat pratique d'anglais commercial. Reconnu par l'université de Londres, ce diplôme valide votre capacité à comprendre et à utiliser l'anglais nécessaire à la communication courante dans une entreprise commerciale. L'**examen** comprend

EXAMEN
Vous pouvez passer l'examen une fois par an, en juin, à l'Institut britannique de Paris ou dans d'autres centres agréés. L'inscription coûte 70 €.

des épreuves de vocabulaire et de compréhension écrite, la rédaction d'une lettre commerciale et le résumé en anglais d'un document français. L'oral se déroule sous la forme d'une communication pratique par téléphone.

Le diplôme d'anglais professionnel. Conçu pour les élèves ingénieurs des grandes écoles françaises se destinant à travailler en milieu bilingue, voire complètement anglophone, il suppose un niveau d'anglais avancé. L'examen est basé sur des textes et des enregistrements audios. Compréhension écrite, rédaction, maniement du lexique et de la syntaxe sont mis à l'épreuve. L'oral se déroule sous forme d'entretien. Ce diplôme a la particularité de ne pas mettre l'accent sur un domaine technique bien précis. Cependant, une épreuve portant sur une langue de spécialité (l'anglais de l'informatique, par exemple) peut être conçue à la demande d'une école ou d'un groupe de candidats. Renseignez-vous auprès de l'Institut britannique, qui organise chaque année, en juin, une session pour les candidats libres. L'inscription à ce test coûte 80 €.

Le BULATS *(Business Language Testing Service)* est un service d'évaluation linguistique produit par l'université de Cambridge et conçu par l'ALTE (Association des centres d'évaluation européens), à laquelle nous consacrons un encadré pages 46 et 47. Les résultats du test placent les candidats sur l'échelle à cinq niveaux établie par cet organisme.

Destiné aux entreprises et aux institutions d'enseignement, le BULATS peut être utilisé dans le cadre de l'évaluation du niveau linguistique du personnel d'entreprises, de candidats à des postes exigeant un niveau de langues donné, ou d'étudiants suivant des formations professionnelles dans lesquelles la compétence linguistique tient une place importante. Il ne peut donc pas se passer de façon individuelle. Les inscriptions et les épreuves sont organisées au sein des écoles et des entreprises qui le demandent. Il est obligatoire de s'y soumettre, par exemple, dans les cycles d'ingénieurs du CNAM. En France, le test en anglais est administré par le British Council, en espagnol par l'institut Cervantès et en allemand par le Goethe Institut. Pour toute information concernant ces tests en anglais, contactez le British Council ou connectez-vous au site du BULATS : www.bulats.org.

Une particularité du BULATS à souligner : il se décline en plusieurs langues et peut être passé en allemand, en anglais, en français et en espagnol. Autre caractéristique : la variété des options proposées, cet outil d'évaluation ayant été conçu pour s'adapter à des demandes provenant de contextes très variés. Il se présente ainsi sous quatre formes et peut être passé indépendamment, ou être combiné avec d'autres :

- le test standard dure quatre-vingt-dix minutes, sanctionne trois domaines de compétence (écoute, lecture et écriture évaluées chacun sur 100, à travers neuf exercices);
- le test informatisé évalue les mêmes compétences que le test standard, mais s'en distingue par sa durée (moins d'une heure) et par le fait que les résultats sont communiqués immédiatement;
- le test d'expression orale (*speaking test*) met uniquement l'accent sur la maîtrise orale de la langue dans le domaine professionnel. Les candidats sont évalués individuellement par un seul examinateur, qui soumet ensuite l'épreuve enregistrée à d'autres membres du jury. Le test dure une dizaine de minutes et comporte trois parties (entretien, exposé et jeu de rôle);
- le test d'expression écrite (*writing test*) dure environ quarante-cinq minutes et comprend deux épreuves (rédaction d'un message court ou une lettre d'environ 60 mots en réponse à un message, une lettre ou une notice et d'un rapport de 180 à 200 mots respectant des consignes brèves).

Le certificat du Goethe Institut

Le ZDFB (*Zertifikat Deutsch für den Beruf*), certificat de langues à usage professionnel, est délivré par le Goethe Institut, présent à Bordeaux, Lille, Lyon, Nancy, Paris et Toulouse. Ce certificat correspond à un niveau intermédiaire, soit environ deux ans d'études après le bac pour ceux qui ont choisi l'allemand en première langue. Le ZDFB atteste d'une bonne compréhension, à l'écrit comme à l'oral, dans des situations courantes de la vie professionnelle.

• Goethe Institut, 17, av. d'Iéna, 75116 Paris, tél. 01.44.43.92.30, Internet : www.goethe.de/fr/par

L'**examen** comporte deux parties, une écrite et une orale. Pendant l'épreuve orale, les candidats sont fréquemment interrogés sur leur parcours universitaire et leurs motivations professionnelles. Ils ont également à commenter un graphique. L'épreuve se termine par un jeu de rôle au cours duquel l'étudiant est mis dans une situation professionnelle courante. Créé en 1993, ce diplôme n'est pas encore très connu des recruteurs. Pour vous préparer, vous pouvez travailler avec les guides *Gesprachs Training*, *Deutsch für den Beruf*, *Kommunikation am Arbeitsplatz* (éditions Verlag für Deutsch, 18,13 € le livre).

EXAMEN
Les frais sont de 105 €, avec une session au mois de juin chaque année.

LES DIPLÔMES DES CHAMBRES DE COMMERCE ET D'INDUSTRIE

Les diplômes délivrés valident des connaissances en langues vivantes sur le plan économique et commercial.

La CCIFB (Chambre de commerce et d'industrie franco-britannique)

Les diplômes de la CCIFB (Chambre de commerce et d'industrie franco-britannique) portent sur trois grands thèmes : les affaires (*Certificate in English for Business Communication*, *Diploma in Business English* et *Diploma in Advanced Management English*) ; le voyage et le tourisme (*Diploma in English for Travel and Tourism*) ; le transport et la logistique (*Diploma in English for Transport and Logistics*). Ces diplômes s'adressent à des personnes ayant un niveau d'anglais allant de bac+1 à bac+5. Bien connus en France, ils constituent une assurance, pour les entreprises qui recrutent, d'avoir des candidats opérationnels en anglais commercial.

Une quarantaine de centres en France sont agréés pour faire passer les diplômes de la CCIFB. Pour plus de renseignements, vous pouvez contacter directement la CCIFB, centre des examens, 1, impasse Saint-Claude, 75003 Paris, tél. 01.44.59.25.10, Internet : www.francobrit.org

Le *Certificate in English for Business Communication* s'adresse à des personnes d'un niveau intermédiaire (bac+1 et bac+2) qui ont besoin de valider leurs connaissances ou de confirmer leur capacité à répondre, en anglais, à des situations simples de la vie professionnelle. Les principaux sujets abordés au cours de l'examen sont les suivants :

- l'entreprise : structure interne, législation, gestion du personnel, environnement ;
- les opérations commerciales : import-export, vente en gros ou en détail, marketing et publicité ;
- les opérations financières : finance, investissement, impôts et taxes, assurances.

L'examen écrit dure deux heures et demie. Sont mis à l'épreuve la compréhension écrite et orale, l'expression écrite et le vocabulaire commercial. Lors de l'oral, qui dure vingt minutes, jeu de rôle et conversation sur un thème professionnel sont destinés à vérifier votre capacité à improviser, négocier, évaluer… le tout en anglais ! Le coût de l'inscription au *Certificate* s'élevait à 75,38 € en 1999-2000. Deux sessions d'examen sont organisées, l'une au mois de novembre, l'autre au mois de mai. Si vous souhaitez vous inscrire, vous devez contacter la Chambre de commerce et d'industrie franco-britannique un mois avant la session que vous avez choisie.

GROS PLAN

UN PLUS SUR LE CV

Plusieurs écoles de commerce comme l'ESCE, l'ESC Dijon ou encore l'École supérieure de vente encouragent les étudiants à passer le *Certificate in English for Business Communication*. Pour Peter Dunn, professeur d'anglais à l'ESC Dijon, « Cela constitue un objectif à atteindre et la motivation dans la progression des élèves est d'autant plus forte. Surtout, il est valorisant d'être titulaire d'une certification extérieure à l'école, car ces diplômes sont conçus par des professeurs d'anglais mais aussi par des représentants du monde professionnel. »

Analyste financier chez Paribas, Philippe a préparé le *Certificate in English for Business Communication* quand il était étudiant à l'ESC Dijon. Pour lui, nul doute que la mention « anglais lu, écrit, parlé » sur le CV ne suffit pas à convaincre : « Le diplôme est une garantie d'un certain niveau, cela rassure l'employeur surtout lorsque l'on ne sort pas d'une grande école parisienne. Cependant, poursuit-il, le diplôme n'est pas un sésame. Lors de l'entretien d'embauche, il faut faire ses preuves et être capable de passer du français à l'anglais sans hésitation. »

Le *Diploma in Business English* répond aux besoins des étudiants souhaitant travailler dans un contexte international. De niveau bac+3, ce diplôme valide une connaissance bilingue du monde de l'entreprise en général. La structure et les opérations commerciales des entreprises, les données financières s'y rapportant sont autant de sujets abordés au cours de l'examen.

L'épreuve écrite, qui dure trois heures, se compose de quatre sections : compréhension écrite, compréhension orale, phrases de thème et enfin rédaction d'une lettre commerciale. À l'oral, le candidat doit analyser un texte. Il est également placé dans une situation courante de la vie professionnelle. Comme pour le *Certificate in English for Business Communication*, deux sessions d'examen sont prévues chaque année, l'une en novembre, l'autre au mois de mai (date limite d'inscription : un mois avant la session de votre choix). Les frais d'inscription sont de 90,77 €.

Le *Diploma in Advanced Management English,* conçu initialement pour les étudiants d'HEC, valide la capacité d'un candidat à répondre efficacement en anglais à un problème de management. Ce diplôme de niveau bac+4 à bac+5 s'adresse donc à des personnes ayant ou visant des fonctions de cadre supérieur dans une entreprise en relation permanente avec l'étranger. Les principaux sujets abordés lors de l'**examen** sont les problèmes de l'entreprise, les négociations commerciales, les analyses financières.

> **EXAMEN**
> **Une session d'examen est prévue chaque année au mois de mai : ne manquez pas cette période !**

L'oral, qui dure plus d'une heure, vous plongera dans une étude de cas. À l'écrit, qui dure quatre heures quinze, plusieurs exercices doivent vous permettre de mettre en avant vos qualités d'analyse et de synthèse. Les frais d'inscription sont de 96,15 €.

Le *Diploma in English for Travel and Tourism* répond plus particulièrement aux besoins d'étudiants qui se destinent à travailler dans le secteur touristique et qui seront en relation permanente avec un public international. D'un niveau bac+2, ce diplôme valide la capacité du candidat à informer ou à répondre, de façon appropriée, à un interlocuteur anglophone. Les principaux sujets abordés lors de l'examen portent sur les infrastructures touristiques. Vous devez également connaître les expressions et le vocabulaire liés à l'accompagnement de touristes, et celui permettant de gérer les situations d'urgence.

Compréhension écrite, puis rédaction, composent l'épreuve écrite, d'une durée de deux heures quinze. À l'oral, vous êtes placé successivement dans deux situations professionnelles en

BIBLIO

PARLER LA LANGUE DU BUSINESS

Voici quelques guides qui vous aideront à préparer les diplômes de la Chambre de commerce franco-britannique.

• *L'Anglais économique et commercial en vingt dossiers*, éditions Pocket, 15,24 € (livre et cassette). Un guide de base pour se préparer au *Certificate* et maîtriser l'anglais des affaires.

• *L'Anglais du commerce et de l'industrie*, Accent international, 15,24 €. Cet ouvrage est une préparation spécifique pour les examens de la CCIFB, à base d'annales corrigées et expliquées.

• *L'Anglais des affaires en 1 000 mots*, Belin, 7,62 €. Lexique des mots les plus courants, avec exercices corrigés d'entraînement à l'emploi. Dans la même série, *L'Anglais du tourisme en 1 000 mots*.

• *La Correspondance commerciale en anglais*, Pocket, 6,50 €. Cet ouvrage contient 200 modèles de lettres traduites et commentées, avec les corrigés.

• *L'Économie et le commerce*, vocabulaire anglais, collection « Lexilangues », 14,48 €.

• *L'Anglais du tourisme, de l'hôtellerie et de la restauration*, Pocket, 7,50 €. Ce guide contient 20 dossiers avec des dialogues, des phrases types, des exercices et un lexique.

• *L'Anglais des transports*, Nathan, 8,23 € est un lexique du vocabulaire et des expressions utilisés dans la profession.

relation avec le secteur touristique. Vous devez également faire la présentation en anglais d'attractions touristiques à partir de brochures en français. Le coût de l'inscription au *Diploma in English for Travel and Tourism* est de 90,77 €. Une session d'examen est prévue chaque année au mois de mai.

Le *Diploma in English for Transport and Logistics* valide la capacité à répondre rapidement et efficacement en anglais à des questions relatives aux produits, au transport et à la distribution. Ce diplôme s'adresse donc à des étudiants ou à des professionnels d'un niveau bac+2 ou bac+3, ayant des connaissances en transport et logistique. Au cours de l'**examen**, les principaux sujets abordés sont l'import-export, l'organisation du fret, les problèmes de douanes, la gestion du transport de marchandises, les documents officiels de transport. L'écrit dure deux heures et demie et se compose d'une étude de cas, d'épreuves de compréhension écrite et orale. L'oral dure quinze à vingt minutes et consiste en un jeu de rôle et une analyse de texte.

EXAMEN
Les frais sont de 90,77 €, avec une session au mois de mai chaque année.

La CFACI (Chambre franco-allemande de commerce et d'industrie)

La CFACI organise trois diplômes d'allemand commercial. Nous vous les présentons ci-dessous brièvement. Pour plus de renseignements, vous pouvez contacter la CFACI, service des examens, 18, rue Balard, 75015 Paris, tél. 01.40.58.35.35, Internet : www.ahk-ccifa.fr

Le test WiDaF *(Deutsch als Fremdsprache in der Wirtschaft)* est conçu pour les non-germanophones de niveau moyen à niveau assez avancé et possédant déjà une bonne base de vocabulaire économique. Il évalue le niveau d'allemand comme outil de communication dans la vie professionnelle. Un certain nombre d'entreprises et de multinationales l'utilisent pour la mise en place et la gestion d'une politique de ressources humaines. Le WiDaF étant un moyen d'élargir votre champ de compétences, plusieurs écoles de commerce ont rendu le test obligatoire (EPSCI, plusieurs ESC, Negocia, Sup de vente).

Le test se déroule sur trois heures et se présente sous la forme de 150 QCM. Le WiDaF évalue la compréhension écrite, le vocabulaire, la grammaire et la compréhension orale avec une cassette audio. Cinq niveaux de compétences sont définis, allant de la compréhension de messages simples et courts à celle de tous types de sujets, y compris leur sens induit et les références culturelles du pays. Des sessions d'examen sont organisées chaque année en mars, mai, octobre et décembre. Vous pouvez aussi passer le WiDaF dans une trentaine de centres agréés. Les frais d'inscription sont de 61 €.

L'EAC (examen d'allemand commercial), organisé depuis plus de trente-cinq ans par la CFACI, est reconnu par la chambre de commerce et d'industrie de Düsseldorf. Le niveau requis, proche de la licence d'allemand ou de LEA, exige une pratique courante de la langue, complétée par des connaissances plus spécifiques de l'allemand économique et commercial.

L'**examen** comporte des épreuves écrites composées de quatre exercices : thème, version, rédaction de deux lettres commerciales et dissertation sur un sujet économique. Seuls les candidats admis à l'écrit sont convoqués à l'oral pour les trois épreuves suivantes : un compte rendu d'un article de la presse allemande en langue française ; un compte rendu d'un article de la presse française en langue allemande ; un entretien destiné à vérifier la pratique de la langue parlée à partir de sujets économiques et commerciaux.

EXAMEN
Organisé une fois par an, en mai-juin, il est ouvert à tous les candidats, sans condition d'âge, de formation ou de nationalité. Les frais d'inscription sont de 106 €.

Le PWD (*Prüfung Wirtschaftsdeutsch International*) est un examen conçu par la Fédération des chambres allemandes de commerce et d'industrie et par le Goethe Institut. La CFACI en assure la gestion et l'organisation. Ce diplôme témoigne d'une bonne connaissance de l'allemand économique et commercial. Le *Prüfung Wirtschaftsdeutsch International* exige une bonne maîtrise à la fois de la langue écrite et parlée (du niveau BTS commerce international).

BIBLIO

Parler l'allemand des affaires

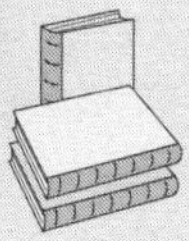

Pour vous aider à préparer les diplômes de la Chambre franco-allemande de commerce et d'industrie, nous vous indiquons quatre références de guides :

- ***Lexique d'allemand juridique, économique et de gestion*, éditions L'Hermès, 22,56 €.**
- ***Correspondance commerciale allemande, import-export*, Ellipses Marketing, 12,96 €.**
- ***L'Allemand économique et commercial*, 20 dossiers sur la langue des affaires, Havas poche, (édition bilingue), 7 €.**
- **Pour préparer le test WiDaF, la CCIFA recommande d'utiliser l'ouvrage *Das Testbuch Wirtschaftsdeutsch-Training WiDaF*, éditions Langenscheidt (14,35 € le livre ou 28,75 € le livre et la cassette).**

Avec un résultat de 500 points au WiDaF, vous pouvez envisager de passer cet **examen**. Les épreuves, à l'écrit, portent sur du vocabulaire spécialisé, la compréhension d'un texte présenté en allemand, la rédaction d'une lettre commerciale en allemand et, enfin, le résumé en français d'un texte allemand relatif à la vie professionnelle.

EXAMEN
Il a lieu une fois par an, en mai-juin et les frais d'inscription sont de 115 €.

En cas de succès à l'écrit, l'oral fait l'objet d'un entretien dirigé portant sur des questions économiques, d'une présentation en langue allemande d'un texte français relatif à la vie professionnelle et, enfin, d'un résumé en allemand d'un cas commercial enregistré sur cassette audio.

• CFACI, 18, rue Balard, 75015 Paris, tél. 01.40.58.35.35, Internet : www.ahk-ccifa.fr

La CCIFE (Chambre de commerce et d'industrie franco-espagnole)

La CCIFE organise d'une part un test de niveau, le test ELYTE, qui correspond à quelques détails près au WiDaF allemand, et d'autre part propose **cinq examens d'espagnol** professionnel plus ou moins spécialisés en commerce, commerce extérieur ou tourisme. Les épreuves se déroulent sous la forme d'un seul examen écrit, la pratique courante de la langue étant supposée acquise.

CINQ EXAMENS D'ESPAGNOL
Pour ces diplômes, les candidats doivent avoir un niveau de langues allant du bac à la licence d'espagnol.

Les diplômes de la CCIFE sont reconnus par l'université Complutense de Madrid et par le CEILA (Centre d'études ibériques et latino-américaines) de l'université Paris 4. Si vous voulez suivre une préparation, il existe trois centres de formation à Paris, Bordeaux et Lyon. La CCIFE propose aussi des cours par correspondance. Pour passer les épreuves, vous pouvez vous inscrire auprès de l'un des 22 centres d'examen répartis dans toute la France. Comme pour les diplômes de la Chambre de commerce franco-britannique, les écoles de commerce françaises encouragent leurs étudiants à passer un diplôme de la Chambre officielle de commerce et d'industrie franco-espagnole.

• CCIFE, 17, avenue de l'Opéra, 75001 Paris, tél. 01.42.61.33.10, Internet : www.cocef.com

L'ELYTE ***(Evaluación lingüística y de técnicas empresariales)*** est un test à usage professionnel. Selon José Queiruga, secrétaire général de la CCIFE, ELYTE a été conçu dans un esprit particulier. Il permet certes au candidat de se situer linguistiquement et grammaticalement. Mais la composition même de l'examen en fait aussi un outil d'évaluation de la culture générale, de la culture d'entreprise et de la culture économique du candidat. Parler couramment l'espagnol ne suffit pas à faire de vous un homme (ou une femme) d'affaires. Selon les situations, il faut connaître les expressions les plus appropriées à une correspondance commerciale, maîtriser un vocabulaire professionnel permettant de négocier ou de gérer une situation. C'est l'ambition du test ELYTE : permettre au candidat de se situer par rapport à ses besoins d'approfondissement dans la langue étrangère et de perfectionnement dans le domaine économique.

L'**examen**, qui dure au total trois heures, est à la mesure de cette ambition. Au programme : compréhension orale, compréhension écrite (à partir d'articles de journaux, textes économiques), vocabulaire professionnel, grammaire active (morphologie et syntaxe). Les barèmes de notation sanctionnent différents niveaux linguistiques allant de la survie dans un pays hispanophone au biculturalisme.

EXAMEN
Les épreuves se déroulent à Paris et sont organisées sur rendez-vous. L'inscription coûte 53,36 €.

Le certificat d'espagnol commercial s'adresse aux personnes amenées à travailler dans une société ayant des relations commerciales avec l'Espagne ou l'Amérique latine. Une bonne connaissance de la langue est nécessaire (niveau bac). Le but de ce certificat est de sanctionner une maîtrise de l'espagnol professionnel et commercial permettant d'évoluer de manière autonome dans un contexte hispanophone. Vous pouvez vous procurer les cours polycopiés pour 22,87 € et les annales pour 15,24 €.

L'**examen**, de trois heures, s'organise autour de cinq points : résumer en espagnol un article de presse français ; traduire en espagnol une lettre commerciale ; répondre à cette lettre en espagnol ; traduire en espagnol une série de dix phrases traitant d'aspects économiques ou commerciaux ; répondre en espagnol à une série de questions portant sur la terminologie commerciale, économique, etc.

EXAMEN
Les droits sont de 75,46 €. Deux sessions sont prévues : en février et en mai.

Le diplôme supérieur d'espagnol commercial valide une connaissance précise de l'économie et du droit espagnols, permettant aux candidats d'aborder, dans le cadre d'une entreprise, tous les problèmes inhérents aux échanges et à la collaboration avec des sociétés espagnoles. Ce diplôme s'adresse donc à des personnes ayant une bonne connaissance de la langue courante et commerciale (niveau bac+2 de commerce international). Les cours polycopiés sont disponibles pour un montant de 30,49 € et les annales pour 15,24 €. L'examen dure trois heures et comprend cinq épreuves : traiter un thème en espagnol parmi deux proposés; rédiger un résumé, en espagnol, d'un texte technique ou commercial français; rédiger en espagnol une lettre commerciale à partir d'un cas pratique; traduire dix phrases commerciales et économiques; répondre à une série de questions relatives au programme. Les frais sont de 75,46 €, avec une session en février et l'autre en mai.

Le **diplôme de tourisme** s'adresse à des personnes qui possèdent déjà un bon niveau d'espagnol à l'oral (niveau bac). Ce diplôme suppose bien évidemment l'acquisition de vocabulaire lié au secteur touristique. Le candidat doit préparer un dossier (30 à 40 pages environ) concernant un circuit touristique en Espagne. Il n'existe pas d'annales, mais des polycopiés pour un montant de 22,87 €.

> **DIPLÔME DE TOURISME**
> **Il valide aussi de solides connaissances en géographie, histoire, art et culture espagnols.**

La partie écrite de l'examen dure trois heures et porte sur cinq points : traduire une lettre en espagnol; répondre à cette lettre en espagnol; traiter le plus largement possible un thème proposé de l'ensemble du programme; répondre de manière précise à cinq questions du programme; passer un test de structures grammaticales.

À l'oral, le candidat présente au jury, pendant une vingtaine de minutes, le dossier qu'il a préparé. Les droits d'examen sont de

BIBLIO

Parler l'espagnol des affaires

Voici cinq références de guides pour vous aider à préparer les diplômes de la CCIFE. Vous pouvez vous procurer les cours polycopiés auprès de la CCIFE (à partir de 22,87 €) et les annales corrigées (environ 15,24 €).

- ***La Correspondance commerciale en espagnol,* Belin, 12,96 €.**
- ***Cuestion de negocios,* Ophrys, 22,87 € le livre, 18,29 € la cassette vendue séparément.**
- ***Lexi tourisme espagnol-français,* éditions Casteilla, 11,59 €. Ce guide présente des listes de vocabulaire bilingue réparti selon trois grands sujets : la géographie, le voyage et les loisirs.**
- ***L'Espagnol des affaires,* LGF, 29,73 € (le livre et les deux cassettes). Cet ouvrage présente en 40 leçons les principaux aspects de la vie de l'entreprise. Les exercices proposés sont calqués sur les examens de la chambre de commerce franco-espagnole.**

75,46 €. D'autre part, les épreuves, qui sont organisées en février et en mai, ne se déroulent qu'à Paris.

Le diplôme de traduction commerciale s'adresse à ceux qui utilisent régulièrement l'espagnol et le français dans l'entreprise. Il atteste des compétences de traduction dans le domaine économique, commercial et juridique. Ce diplôme requiert un niveau de langue équivalent à la licence d'espagnol et une bonne expérience professionnelle. Sa préparation coûte 536,62 €.

L'examen dure quatre heures, ne comporte que des épreuves écrites et s'organise autour des points suivants : version ; thème, traduction d'un texte économique ou commercial ; questions de vocabulaire; essai. Les frais d'inscription sont de 75,46 €. Deux sessions d'examen sont prévues à Paris uniquement : l'une en mars et l'autre fin juin.

Le diplôme de commerce extérieur s'adresse à des candidats ayant déjà une très bonne connaissance de la langue espagnole générale et professionnelle et souhaitant travailler dans le domaine de l'import-export. La participation à sept modules de vingt heures chacun est obligatoire. Seuls les candidats ayant une attestation d'assiduité aux cours peuvent se présenter à l'examen final. La formation a pour but de fournir aux élèves une connaissance pragmatique de l'activité d'exportation de l'entreprise. C'est d'ailleurs dans cette perspective que le candidat doit réaliser une **étude de marché** (selon une liste de secteurs professionnels définis).

ÉTUDE DE MARCHÉ
Peaufinez-la car cette étude, remise à la fin des cours, peut selon l'appréciation du jury, relever la note de l'examen final.

Les épreuves d'évaluation durent quatre heures et ne se composent que d'épreuves écrites autour de trois points : analyse et développement d'un ou plusieurs thèmes en relation avec le programme; série de questions courtes correspondant à l'ensemble du programme; étude, analyse et développement d'un ou plusieurs cas pratiques. La formation au diplôme coûte 838,47 € ou 625,04 € pour les étudiants et les demandeurs d'emploi. Les droits d'examen sont de 75,46 €. Les épreuves n'ont lieu qu'à Paris. Les étudiants qui, dans le cadre de leur école, suivent le même programme que le diplôme, peuvent se faire dispenser de la formation obligatoire. Ils doivent néanmoins présenter une étude de marché.

LES CERTIFICATS EUROPÉENS

Élaborés par l'ICC (International Certificate Conference), les certificats européens ICC ont été créés en 1973. Réunissant

14 membres, l'ICC propose un système d'examens reconnus à l'échelle européenne. En France, l'organisation de ces certificats européens ICC est assurée exclusivement par les 171 CEL (centres d'étude des langues) des CCI (chambres de commerce et d'industrie). Renseignez-vous auprès d'elles pour connaître les dates des examens dans chaque langue.

Ces examens sont, dans leur forme comme dans leur contenu, spécifiques au monde du travail et à la formation permanente. Ils privilégient la compétence communicative et non une simple connaissance des langues. Ces certificats existent dans une dizaine de langues et sanctionnent trois niveaux.

Le niveau 1

Le certificat de niveau 1 correspond à un module préparatoire. Vous pouvez le passer dans l'une des dix langues suivantes : anglais, allemand, espagnol, français, danois, italien, japonais, néerlandais, portugais et russe. Ce certificat valide l'aptitude à se faire comprendre oralement de façon simple au cours d'entretiens divers et à extraire, de textes écrits ou parlés, des informations nécessaires ou intéressantes. Cette évaluation de compétences fait l'objet de plusieurs sessions tous les ans, en fonction des demandes.

Le niveau 2

Les certificats de langue courante en anglais, allemand, espagnol, italien, néerlandais, français, portugais et russe correspondent au niveau 2. Ils sanctionnent une aptitude à communiquer oralement et par écrit dans des situations de la vie courante. Ils supposent une maîtrise des principales structures grammaticales et l'utilisation d'un vocabulaire adéquat.

Également de niveau 2, les certificats de langues de spécialité : l'anglais des affaires, l'anglais de l'hôtellerie et de la restauration, l'anglais des professions techniques, l'espagnol, l'allemand et le français à usage professionnel. Ces certificats attestent de votre capacité à communiquer oralement et par écrit dans les situations et activités spécifiques au secteur professionnel.

Pour passer l'un de ces examens, deux sessions sont proposées, l'une au printemps, l'autre à l'automne. Attention aux dates limites d'inscription : fin février pour le printemps, et fin septembre pour l'automne.

Le niveau 3

Enfin, le certificat européen de maîtrise de la langue correspond au niveau 3. Il n'existe qu'en anglais et sanctionne une utilisation autonome de la langue : fluidité, précision d'expression et d'argumentation orales et écrites.

Comme pour les certificats de niveau 2, il existe deux sessions d'examens : au printemps et à l'automne.

Pour bien vous préparer aux certificats européens d'espagnol, *Eurotests espagnols*, édité par Langues et Affaires (48,63 €), présente 40 épreuves adaptées (lecture, compréhension orale, rédaction sommaire).

PARTIE 2

APPRENDRE UNE LANGUE EN FRANCE

Si vos cours de langues au lycée sont lointains ou si vous voulez compléter la formation dispensée par votre professeur de langues dans votre établissement, vous pouvez suivre en parallèle des cours dans un institut spécialisé... Individuels ou collectifs, ces cours se déroulent dans une ambiance généralement moins scolaire qu'au lycée et surtout dans des groupes à effectif réduit, ce qui permet de progresser de façon notable à l'oral.

Si vous possédez quelques rudiments de la langue étrangère que vous voulez étudier et que vous savez vous discipliner, vous pouvez aussi choisir de travailler seul chez vous, à l'aide de guides, de cassettes, de magazines, de CD-Rom, d'Internet... Le multimédia présente l'avantage de l'interactivité, mais n'en attendez pas non plus des miracles : une langue ne s'apprend pas passivement devant un écran, et l'apprentissage nécessite toujours un peu d'efforts...

SOMMAIRE

COURS PARTICULIERS OU COLLECTIFS

Comment choisir la bonne méthode pour vraiment progresser dans l'apprentissage d'une langue étrangère ? Il n'existe pas de bonne méthode dans l'absolu, mais il est indispensable de choisir la formation la plus adaptée à vos **besoins**. L'évaluation de vos objectifs et de vos disponibilités vous aidera à déterminer la formule la mieux appropriée à vos besoins ; ainsi, vous saurez trouver l'établissement qui propose cette formation.

BESOINS
Analysez précisément ce que vous cherchez : la langue que vous souhaitez étudier, votre niveau actuel et celui que vous devez atteindre, le temps et le budget dont vous disposez.

LES DIFFÉRENTS TYPES DE COURS

Cours particuliers, cours collectifs ou stages intensifs, chacune de ces trois formules répond à des objectifs bien définis.

Les cours particuliers

Dans quelle situation doit-on faire appel aux services d'un professeur particulier ? Les formateurs en langues que nous avons rencontrés sont unanimes : un cours particulier est recommandé pour répondre à un besoin précis. Cela peut être la préparation d'un entretien professionnel, d'un examen spécialisé, d'une négociation commerciale… Les avantages et l'efficacité de ce type de formule reposent essentiellement sur la disponibilité du professeur envers son unique élève. Le contenu du cours peut être ciblé avec précision selon ses besoins et ses objectifs.

La formule convient aussi à des débutants ou des élèves en situation d'échec. Le cours particulier doit alors être considéré

BUDGET

Le prix d'un cours particulier

Les tarifs pratiqués sont variables. Dans les écoles de langues, le cours individuel est la formule la plus chère (entre 38,11 € et 68,60 € l'heure). Vous pouvez aussi chercher un professeur particulier par le biais des petites annonces. Les prix pratiqués sont généralement moins élevés. Comptez 15,24 € pour un cours donné par un étudiant, 22,87 € pour un cours de langue spécialisée et de 15,24 € à 45,73 € avec un professeur expérimenté.

comme une étape dans l'apprentissage, un moyen de retrouver l'envie de parler et de se sentir sécurisé. « La relation avec le professeur est extrêmement importante, souligne Évelyne Kerber, responsable pédagogique à l'Institut européen de langues. Celui-ci doit être à la fois enseignant et psychologue, il doit être capable de s'adapter à toutes les situations. C'est pourquoi, il m'arrive parfois de « marier » des étudiants à tel professeur plutôt qu'à un autre. »

Autre point fort des cours particuliers : la souplesse d'organisation. Les horaires sont généralement fixés à votre convenance. Pour ceux qui sont déjà tributaires d'un emploi du temps chargé, cela constitue un avantage appréciable. Le prof se rend même parfois à domicile.

Si vous ne passez pas par une école de langues pour trouver un cours particulier, vous pouvez aussi consulter les panneaux d'affichage dans les couloirs des universités ou dans certaines librairies spécialisées. Diffusé uniquement à Paris, **FUSAC** (France USA Contacts) est un journal américain de petites annonces. De nombreux cours particuliers y sont proposés.

FUSAC
Il est gratuit dans tous les lieux de culture anglo-saxonne parisiens : librairies, instituts étrangers, écoles de langues…

Les cours collectifs

Très prisés des étudiants, les **cours collectifs**, suivis de manière extensive (par exemple, deux heures par semaine pendant un ou deux trimestres), sont intéressants à plus d'un titre. À condition de ne pas être trop nombreux (huit à dix personnes maximum), le cours collectif peut être très stimulant, notamment à l'oral. « Les dialogues, les jeux de rôle ou encore les interviews prennent une dimension réelle, explique Christian Mauer, professeur d'allemand dans un centre de formation parisien. Prendre la parole au sein d'un groupe n'est certes pas facile, mais lorsqu'un élève arrive à franchir le pas, à mettre de côté ses inhibitions, il y a réellement un effet boule de neige. »

COURS COLLECTIFS
Cette formule permet un suivi individuel du travail de chacun, tout en offrant une dynamique de groupe.

Même si les étudiants font des fautes, Christian Mauer s'efforce, au début, de ne pas les corriger systématiquement afin de ne pas les décourager et de leur donner envie de parler. « Être en confiance est réellement une clé fondamentale dans l'apprentissage d'une langue, souligne-t-il, et le groupe participe bien souvent à cette prise de confiance qui doit gagner chaque individu. »

Si le cours collectif est un bon tremplin pour progresser à l'oral, celui-ci doit s'accompagner d'un travail personnel important (acquisition de vocabulaire, révision des bases grammaticales).

Avant de vous inscrire à un cours collectif, il est indispensable de passer un test de niveau, car l'efficacité de ce type de structure repose aussi sur l'homogénéité entre les élèves. Si vous êtes dans un groupe trop faible, vous risquez de vous ennuyer assez rapidement. Inversement, si vous vous retrouvez dans un groupe de niveau trop élevé, c'est le découragement qui vous guette à coup sûr. Normalement, un professeur attentif repère vite les éléments hétérogènes au sein du groupe et agit en conséquence. Cependant, au moment de l'inscription, assurez-vous qu'il existe un éventail de niveaux suffisant…

BUDGET

Le prix d'un cours ou stage collectif

Beaucoup plus accessible financièrement que le cours particulier, le prix moyen d'un cours collectif varie de 7 € à 15,24 € par heure selon le type d'organisme choisi. Les tarifs pratiqués pour les stages intensifs sont du même ordre ; le prix moyen d'une semaine de stage à raison de cinq heures de cours par jour tourne donc autour de 382 €.

Les stages intensifs

En France ou à l'étranger (voir troisième partie de ce guide), il existe de nombreuses possibilités de **stages intensifs**. Vous avez déjà un niveau moyen en langues et une échéance qui se rapproche rapidement, un concours à préparer, un voyage… cette formule est faite pour vous. Vous pouvez trouver des stages de quatre à huit heures par jour pendant une à deux semaines, voire plus. Autant dire que disponibilité et motivation sont de rigueur.

STAGES INTENSIFS
Recommandés dans des situations précises, ils sont un bon moyen de vous remettre dans le bain.

Pour Chris Atkinson, ex-professeur d'anglais à Européra Formation, « Un stage intensif constitue un bon coup de fouet. C'est une formule efficace à condition de rester en immersion : deux semaines d'anglais intensif avant un séjour de longue durée en milieu anglophone, c'est bien. Le stage permet de s'habituer à un accent, de retrouver des bases parfois oubliées… » Cependant, un stage est toujours fatigant, surtout au début. C'est pourquoi Chris Atkinson le déconseille vivement aux débutants qui risquent de se décourager. « Quand on a le choix, il est préférable d'opter pour la méthode extensive. C'est comme un bon repas, mieux vaut prendre le temps de digérer les aliments que de se précipiter. »

OÙ SE RENSEIGNER

Quelques associations et centres de documentation jouent un rôle de conseil. Avant de vous inscrire à un cours de langues, prenez le temps de vous renseigner.

L'APLV (Association des professeurs de langues vivantes) réunit des professeurs de lycée, collège et université qui assurent une permanence téléphonique gratuite pour répondre aux questions sur l'enseignement, les débouchés et la formation aux langues.

• APLV, 19, rue Glacière, 75013 Paris, tél. 01.47.07.94.82.

Le CIDJ (Centre d'information et de documentation jeunesse) édite des fiches techniques sur les diplômes et examens étrangers ainsi que sur les cours et stages de formation aux langues. Ces fiches comportent des listes d'adresses : librairies spécialisées, cours municipaux, établissements publics, associations, instituts et centres culturels étrangers, établissements dépendant de la CCIP, établissements privés... Le CIDJ n'a pas pour vocation de contrôler le sérieux de tel ou tel organisme, cependant il peut vous aider à trouver l'établissement qui correspond le mieux à votre demande et à votre budget. Vous trouverez les coordonnées des CRIJ (centres régionaux d'information jeunesse) dans le « Carnet d'adresses » en fin d'ouvrage.

• CIDJ, 101, quai Branly, 75740 Paris cedex 15, tél. 01.44.49.12.00 ; Internet : www.cidj.asso.fr.

L'ODIEP (Office de documentation et d'information sur l'enseignement privé) ne tient pas à jour des listes de centres de formation, mais peut recommander pour des élèves en difficulté scolaire quelques établissements avec lesquels il a l'habitude de travailler.

• ODIEP, 45, avenue Georges-Bernanos, 75005 Paris, tél. 01.43.29.90.70.

CHOISIR UN ÉTABLISSEMENT DE FORMATION

Il existe de nombreux organismes de formation en langues. En réalité, n'importe qui peut ouvrir un établissement. Cela signifie aussi que n'importe qui peut enseigner (professeurs plus ou moins expérimentés, étudiants, étrangers de passage…). Plusieurs éléments contribuent à vérifier le sérieux d'un organisme et la qualité de ses enseignements, et notamment la qualification des professeurs et les moyens pédagogiques mis en œuvre.

Les formateurs

Comment sont recrutés les professeurs ? Quel est leur niveau d'études ? En principe, un bon établissement choisit des professeurs titulaires de l'Éducation nationale, de niveau bac+4 ou bac+5, ou des enseignants dont la langue maternelle est la langue enseignée. Ces derniers, s'ils ne sont pas formés pour l'enseignement de leur langue maternelle, ne présentent pas toujours les compétences pédagogiques nécessaires. Si vous vous lancez dans l'apprentissage d'une langue ou si vous avez des difficultés particulières (en grammaire, par exemple), choisissez plutôt un formateur expérimenté. En revanche, si vous avez juste besoin de travailler votre conversation, vous pouvez très bien faire appel aux services d'un étudiant ou d'un étranger dont l'accent et l'utilisation du vocabulaire idiomatique vous plongeront dans la pratique réelle de la langue.

Le test de niveau

Attention aux établissements qui ne proposent pas de test de niveau avant le début des cours. Ce test est indispensable pour suivre un enseignement adapté. Selon Sylvestre Vanuxem, professeur d'anglais à Paris et membre de l'APLV, un test de niveau sérieux doit évaluer la compréhension et l'expression à l'écrit, mais aussi à l'oral. Méfiez-vous des tests trop rapides et payants, ils n'augurent rien de bon !

PRATIQUE

HORAIRES ET MODALITÉS DE PAIEMENT

Une fois renseigné sur la qualification des enseignants et les moyens pédagogiques utilisés, demandez également des précisions sur les horaires et les modalités de paiement.

Les horaires sont-ils suffisamment modulables ? En cas d'empêchement, est-il possible de rattraper un cours ? Si vos cours tombent un jour férié, sont-ils remplacés un autre jour de la semaine ? Avant de partir en stage aux États-Unis pendant l'été, David s'était inscrit à Paris au mois de mai à une formation intensive d'anglais de trente heures. « J'avais besoin de me remettre dans le bain, raconte-t-il. En réalité sur trente heures de cours, payés au moment de l'inscription, j'ai dû en suivre à peine vingt-cinq... Le 1er mai, le 8 mai, le lundi de Pentecôte ont sacrément entamé mon programme de formation. Aucun cours n'a été remplacé », se souvient-il, un peu amer. Pour éviter ce genre de situation, renseignez-vous sur les possibilités de vous inscrire à la séance, au mois, au trimestre.

Sachez, cependant, que la plupart des établissements essaient de contraindre leur clientèle à payer, au moment de l'inscription, la totalité du prix de l'enseignement, même si l'élève quitte l'établissement de façon anticipée parce que l'enseignement ne correspond pas à ce qui était convenu.

En l'absence de toute réglementation sur les conditions relatives au paiement du stage, soyez particulièrement attentif. Examinez le contenu du contrat que l'on vous propose pour tenter d'obtenir la modification de certaines clauses abusives.

La pédagogie

Les moyens pédagogiques mis en œuvre pour l'apprentissage ou le perfectionnement des langues sont extrêmement variés. Les établissements font appel à des technologies de plus en plus sophistiquées : enseignement assisté par ordinateur, suggestopédie, cours par téléphone, CD-Rom... Soyez vigilant si on vous assure que telle méthode est plus efficace qu'une autre et que l'apprentissage se fait sans effort. Une méthode n'est efficace que si elle correspond précisément à vos besoins. Après avoir passé le test de niveau, n'hésitez pas à rencontrer le responsable pédagogique de l'établissement, qui vous éclairera sur les avantages et les inconvénients des supports pédagogiques. Enfin, si vous n'arrivez pas à vous décider entre une approche conviviale ou interactive, entre des rapports privilégiés à l'homme ou à la machine... demandez à assister à un cours avant de vous inscrire.

LES DIFFÉRENTS TYPES D'ORGANISMES DE FORMATION

L'enseignement des langues vivantes est assuré par de nombreux centres de formation : organismes publics, associatifs, privés... Tous, en général, offrent un éventail de cours particuliers, collectifs ou intensifs. Cependant, chaque type d'organisme public ou privé présente ses spécificités.

Les cours municipaux

Héritiers d'une longue tradition – ils remontent à 1820 –, les cours municipaux de la Ville de Paris permettent de se former à une multitude de langues. L'anglais, l'américain, l'espagnol, l'allemand, le chinois, l'arabe, l'italien, le japonais, le portugais, le russe sont accessibles pour un coût de 25,92 € à 213,43 €. Il existe des cours annuels, semestriels ou encore des sessions de trente à soixante heures. L'espagnol et l'anglais peuvent s'apprendre en laboratoire assisté par ordinateur et vidéo. Enfin, il est possible de préparer plusieurs diplômes : le DCL (diplôme de compétence en langues) d'anglais, le ZDaf *(Zertifikat Deutsch als Frenchsprache)*, le DELE *(diploma de español como lengua extranjera)*, le *diploma superior de español*, le *certificazione di italiano come lingua straniera* ou encore le test d'aptitude en japonais…

Les Parisiens de plus de 18 ans sont prioritaires pour ces cours. En principe, les inscriptions s'effectuent dans l'ordre d'arrivée des demandes et en fonction des places disponibles… Le premier arrivé est le premier servi !

MAIRIE
Toutes les municipalités n'offrent pas ce type de structure. Cependant, le service culturel et associatif de votre mairie dispose d'une liste d'associations par secteur d'activité.

Pour vous inscrire, retirez un formulaire dans n'importe quelle **mairie** d'arrondissement ou à l'Hôtel de Ville, dès septembre pour les cours démarrant en octobre, et dès janvier pour les cours démarrant en février. Ils sont dispensés le soir, dans des établissements scolaires, par des professeurs majoritairement titulaires de l'Éducation nationale. Ils attirent chaque année près de 30 000 stagiaires. Pour plus d'informations, vous pouvez contacter le département langues vivantes de la Ville de Paris, 9, rue de la Perle, 75003 Paris, tél. 01.44.61.16.16, Internet www.paris-france.org

Les universités

En dehors de leurs filières classiques (DEUG, licence, maîtrise…) de langues, les universités proposent aussi des cours de langues dans le cadre de la formation continue ou au sein des centres de langues de l'enseignement supérieur.

Dans le cadre des centres de formation continue des universités, les cours de langues sont ouverts à tous, étudiants, salariés, demandeurs d'emploi. Ils ont le mérite d'être dispensés par des professeurs expérimentés, titulaires de l'Éducation nationale.

Ces cours sont plus accessibles financièrement que les cours des établissements privés. Toujours au sein de l'université, les centres de langues de l'enseignement supérieur sont de taille et de conception très diverses : depuis la maison des langues interuniversitaire fédérant les potentiels de toute une région jusqu'à la petite entité propre, par exemple un département d'IUT (institut universitaire de technologie).

Ces centres de langues sont nés de la volonté de certaines universités et grandes écoles qui, parallèlement aux cours traditionnels de langues, ont éprouvé le besoin de mettre en place des structures de formation en langues capables de répondre à toutes les demandes complémentaires : renforcement de la formation des étudiants, possibilité d'apprentissage et de perfectionnement « à la carte » pour tous les étudiants et, pour le public, formation continue interne et externe, développement de l'autoformation guidée, sessions intensives axées sur la compétence de communication, notamment en langues de spécialité, mise en œuvre des nouvelles technologies…

Pour vous renseigner sur les possibilités offertes par votre université concernant la formation aux langues, adressez-vous directement à l'association RANACLES (Rassemblement national des centres de langues de l'enseignement supérieur.), dont le siège est à l'université Bordeaux 2, 3 *ter*, place de la Victoire, 33076 Bordeaux cedex, tél. 05.57.57.18.03, Internet : www.langues-vivantes.u-bordeaux2.fr

Les centres culturels

Certains sont privés, d'autres dépendent d'une ambassade. Ces centres sont chargés de promouvoir la langue et la culture d'un pays à travers l'enseignement, mais également de nombreuses manifestations. Ainsi, le Goethe Institut, fondé en 1951, est devenu, au fil des années, le principal agent de diffusion de la culture allemande à l'étranger. En plus des traditionnels cours de langues et de la préparation à des diplômes, le Goethe

Institut propose plusieurs services : un club de conversation, la possibilité de suivre les actualités télévisées, l'accès à la bibliothèque et un programme de manifestations culturelles tout au long de l'année. Ce double objectif de la promotion d'une langue et d'une culture se retrouve au sein de l'institut Cervantès et de l'Institut britannique.

• Goethe Institut, 17, av. d'Iéna, 75116 Paris, tél. 01.44.43.92.30, Internet : www.goethe.de/fr/par
• Institut Cervantès, secrétariat des cours, 7, rue Quentin-Bauchart, 75008 Paris, tél. 01.40.70.92.92, Internet : www.cervantes.es. L'institut Cervantès est également présent à Bordeaux et Toulouse.
• Institut britannique de Paris, 11, rue de Constantine, 75007 Paris, tél. 01.44.11.73.73, Internet : www.bip.lon.ac.uk
• British Council, 9-11, rue de Constantine, 75007 Paris, tél. 01.49.55.73.00, Internet : www.britcoun.org

Les écoles privées

Les cours et stages proposés étant souvent très onéreux, il est utile de se renseigner avant de faire votre choix (voir plus haut). Le fait que le cours ait pignon sur rue depuis plusieurs années est rassurant. De même, vous pouvez suivre les recommandations de personnes ayant suivi récemment les enseignements.

Les centres d'étude des langues des CCI

Au sein des CCI (chambres de commerce et d'industrie), les 171 CEL (centres d'étude des langues) offrent une large gamme de formations linguistiques, avec 22 langues enseignées en langues générales et langues de spécialité. La pédagogie privilégie une approche opérationnelle axée sur la communication orale en milieu professionnel. Les cours sont animés par des formateurs qualifiés, ayant une bonne connaissance du pays de la langue cible. Pour connaître les cours de langues dans votre région, adressez-vous au CRIJ (centre régional d'information jeunesse) ou bien contactez la CCI locale. Vous pouvez aussi contacter l'AGERCEL (Association de gestion du réseau des centres d'étude des langues des CCI) qui a les coordonnées de tous les CEL.

• AGERCEL, quai George-V, 76600 Le Havre, tél. 02.32.74.95.95, Internet : www.agercel.com

L'AUTOFORMATION

CD-Rom, cours en ligne, cassettes audio, films vidéo, livres bilingues, presse spécialisée… il existe de plus en plus de supports qui permettent de s'autoformer en langues. Que valent-ils ? Peut-on désormais se passer d'un professeur ? Quelles sont les limites de ce type d'apprentissage ? Nous examinons ci-dessous les avantages et les inconvénients de ces méthodes et proposons une sélection de titres de CD-Rom, de livres, de cassettes, de films et de sites Internet dédiés à l'apprentissage des langues.

LES CD-ROM DE LANGUES

« Lorsque j'enseignais, j'évitais le plus possible de me servir du magnétophone, se souvient **John Carnegie**, professeur d'anglais, aujourd'hui devenu libraire. Je trouvais cela vraiment pénible : rembobiner la cassette, trouver la bonne séquence et recommencer l'opération autant de fois que nécessaire… » Le CD-Rom a mis fin aux embarras des enseignants.

JOHN CARNEGIE
En 1992, il a créé le rayon multimédia de la librairie Attica à Paris, spécialisée dans la diffusion de supports pédagogiques pour l'apprentissage des langues.

Aujourd'hui, cette technologie permet à la fois de contrôler le son, l'image et le texte par de simples opérations. « Certes, le CD-Rom n'apportera jamais les bienfaits que procure un séjour à l'étranger, reconnaît John Carnegie. De même, il ne concurrence pas le travail des professeurs. Cependant, c'est un outil complémentaire très efficace. Par la variété des exercices qu'ils proposent, les logiciels de langues ont réellement un aspect ludique. Avoir du plaisir dans l'apprentissage d'une langue est très important », insiste l'ex-professeur devenu libraire. « Lorsque l'on s'amuse, on est motivé, on a envie de continuer. Surtout, cet outil respecte le rythme de chacun :

l'élève peut se tromper, multiplier les essais... il est seul devant son ordinateur et il n'a pas honte des fautes qu'il fait. »

Où consulter les CD-Rom de langues ?

Tous les particuliers ne sont pas équipés d'ordinateur et certains CD-Rom sont d'un coût prohibitif. Cependant, de nombreuses bibliothèques municipales ont développé des « espaces langues », où il est possible de consulter des CD-Rom et des méthodes de langues audio, voire parfois de les emprunter. L'espace autoformation de la nouvelle BPI offre ainsi un véritable laboratoire de langues (voir encadré ci-après). Renseignez-vous auprès de votre mairie pour connaître les possibilités offertes par les bibliothèques de votre ville. Pour les bibliothèques municipales de la Ville de Paris, consultez la liste au bureau d'information de l'hôtel de Ville.

Une sélection de CD-Rom

À titre indicatif, nous vous présentons quelques produits. Ils ont été testés par le personnel de la librairie Attica à Paris. Pour chacun, deux niveaux sont évalués : la méthode pédagogique et l'interface (l'environnement du logiciel, son accessibilité, etc.). La librairie met à la disposition du public des fiches-conseils, que vous pouvez recevoir gratuitement sur simple demande.

Tell me more est fondé sur la reconnaissance vocale et couvre tous les domaines essentiels à l'apprentissage d'une langue : l'expression orale et écrite, la compréhension, la prononciation, le vocabulaire et la grammaire. L'ordinateur joue le rôle de professeur particulier. L'élève peut s'entraîner à prononcer chaque phrase du dialogue, le logiciel évalue sa prononciation. Il peut aussi comparer son enregistrement à celui du modèle et le visualiser au moyen d'une courbe. Au cours du dialogue, si l'élève rencontre une difficulté grammaticale, il peut accéder à des cours de grammaire. Chaque règle est illustrée par une bande

GROS PLAN

L'ESPACE D'AUTOFORMATION DE LA NOUVELLE BPI

Après un long toilettage, la BPI (Bibliothèque publique d'information) du centre Georges-Pompidou a rouvert ses portes le 26 janvier 2000. C'est au niveau 2 de l'imposant bâtiment que se situe l'espace d'autoformation : 120 cabines individuelles isolées sont spécialement mises à la disposition du public pour l'apprentissage des langues vivantes. Une partie des postes est équipée de matériel audio-vidéo, une autre est dédiée aux documents exclusivement accessibles sur CD-Rom.

Vous pouvez découvrir ou perfectionner votre connaissance de 139 langues ou dialectes représentés à la BPI grâce à une multitude de supports mis gratuitement à votre disposition : 711 méthodes audio, 48 méthodes vidéo, 60 méthodes sur CD-Rom, 240 documents sonores, et pas moins de 140 films en version originale non sous-titrée, mais toujours accompagnées de scripts, et, dans certains cas, d'une traduction.

L'espace d'autoformation de la BPI, vous l'aurez compris, devient la place forte de Paris en matière d'apprentissage des langues étrangères. La rançon du succès ? Obligation est faite au public de réserver sa place (le jour même, au bureau d'accueil) et les séances sont limitées à une heure au maximum.

• Pour toute information complémentaire, contactez la Bibliothèque publique d'information, centre Georges-Pompidou, 25, rue du Renard, 75191 Paris cedex 04, tél. 01.44.78.12.33, Internet : www.bpi.fr

Source : BPI, 2001.

dessinée, accompagnée d'une explication. Des modules vidéos permettent de travailler la compréhension orale. Des thèmes variés sont abordés (Londres, louer une villa, les animaux, le sport, etc.) et suivis d'exercices de compréhension, permettant à l'élève de vérifier s'il a compris l'intégralité de la vidéo. Enfin, un glossaire accessible à tout moment rend possible la traduction des textes, mais aussi de chaque mot rencontré. Tell me more se décline en six langues (anglais, allemand, espagnol, français, néerlandais et italien) et en trois niveaux (débutant, moyen, confirmé). Un quatrième niveau (affaires) existe en anglais. Auralog, PC uniquement, 74,70 € chaque titre par niveau.

Azar interactive est une grammaire complète sur CD-Rom. La théorie est illustrée par des clips audio ou vidéo et permet, par exemple, de comprendre la différence entre *how much* et *how many* par une petite comédie musicale (de quoi faire apprécier la grammaire anglaise aux plus réfractaires…). Chaque fiche de grammaire peut être imprimée grâce au logiciel Acrobat Reader présent sur le CD-Rom. Il y a autant d'exercices que de points grammaticaux et toutes les phrases des exercices sont sonorisées. Cette grammaire comprend cinq thèmes principaux : verbes et auxiliaires, noms, pronoms et articles, adjectifs et adverbes, suppléments grammaticaux. Trois niveaux sont disponibles : débutant, intermédiaire et avancé. Prentice Hall, PC et Mac, à partir de 74,70 €.

Parlons voyages est une collection de CD-Rom destinée à ceux qui projettent de faire un voyage à l'étranger. Vous pouvez écouter, répéter, enregistrer et comparer votre voix au modèle original. Des tests permettent de valider vos connaissances. Disponible en anglais, allemand et espagnol. Emme, PC et Mac, 15,09 €.

Prof d'anglais 2000 permet de se préparer à un voyage, une mission professionnelle à l'étranger ou à un entretien d'embauche en anglais. Cette méthode propose de nombreux exercices sonores destinés à améliorer la prononciation. Plus de

GROS PLAN

APPRENDRE EN S'AMUSANT

À côté des méthodes traditionnelles qui présentent les règles de grammaire et proposent ensuite des exercices, les éditeurs de CD-Rom en ont imaginé d'autres, plus ludiques, qui combinent l'apprentissage avec le jeu. À titre indicatif, nous vous en présentons deux.

Tracy Talk est une intrigue policière dont l'objectif est un entraînement à l'oral. L'histoire se déroule à la première personne et met en scène un détective de Los Angeles. Celui-ci reçoit un e-mail lui demandant de monter dans le train pour Cupervale, de passer pour un professeur de psychologie, de rencontrer quatre personnes, dont une devrait être le coupable dans une histoire qui... Mais la ligne est coupée et le message n'aboutit pas. Vous n'avez que les photos des quatre suspects. À vous de les chercher, de les identifier puis de trouver le coupable et d'élucider le crime dans un monde en image de synthèse. Le programme nécessite un microphone. La langue enseignée est l'américain.
• CP1, niveau intermédiaire, MPC-2 ; à partir d'un PC Pentium 75 MHz ou plus, 151,69 €.

Who is Oscar Lake (ou Quién es Oscar Lake) vous plonge dans une aventure en pays étranger et vous oblige à résoudre l'énigme dans la langue du pays. Vous interagissez avec les personnages que vous rencontrez, vous contrôlez la progression de l'histoire, le rythme de votre apprentissage et la solution de l'énigme. Plusieurs fins sont possibles, vous pouvez être le héros qui découvre le coupable... ou le criminel qui finit en prison ! Who is Oscar Lake existe en anglais, français, espagnol, italien et allemand.
• Language Publications Interactive Inc., PC, à partir de 30,34 €.

20 000 mots ou expressions anglaises sont mis à la disposition de l'élève pour s'entraîner et se confronter à la prononciation exemplaire d'un locuteur anglais. Un assistant pédagogique évalue les progrès, reconnaît et corrige les fautes d'orthographe. Micro application, 15,85 €.

LES COURS DE LANGUES EN LIGNE

De plus en plus exploité, le réseau Internet constitue un laboratoire de langues d'une grande richesse. Les cours proposés sont surtout en langue anglaise. Ils s'adressent à tous les niveaux. Certains sont payants, d'autres gratuits. Ceux qui n'ont pas l'habitude de naviguer sur Internet auront peut-être du mal à s'y retrouver au début. Il existe des guides méthodologiques d'une grande utilité, valables pour les cours de langues mais aussi pour toute autre recherche. Vous pouvez notamment consulter *Le Guide Internet 2002*, dans la collection « Les Guides de l'Etudiant ».

Trouver le cours idéal peut prendre du temps. Beaucoup de sites s'apparentent à des cours par correspondance. Certaines formules nécessitent un équipement spécifique. Nous avons fait une sélection des sites qui nous ont paru les plus intéressants, mais dans ce domaine les choses bougent très vite. Des sites se créent tous les jours, d'autres disparaissent, se transforment ou changent d'adresse. Vous pouvez aussi faire votre propre sélection à partir d'un moteur de recherche.

Les sites pour apprendre l'anglais

Définissez le plus précisément possible vos objectifs (s'entraîner au TOEFL, travailler l'oral, accéder aux actualités en langue anglaise...) si vous passez par un moteur de recherche, car il existe une pléthore de sites ! Des sites répertoires se sont même créés pour inventorier tous les sites spécialisés dans l'apprentissage de la langue anglaise (voir encadré page 101).

Pour s'entraîner au TOEFL et au TOEIC. Voici, à titre d'exemple, ce que propose le site EF Englishtown, www.englishtown.com. Moyennant 112,05 €, Englishtown vous offre un accès illimité, pendant trois mois, à tous les programmes de cours proposés (TOEFL, TOEIC, anglais général et anglais des affaires). Les niveaux vont de grand débutant à confirmé. Le site comprend un guide d'étude personnalisé, seize heures de bandes audio, 7 000 questions, des explications complètes, un service de notation et de scores automatiques. Toujours sur le site d'Englishtown, vous pouvez accéder à un service gratuit, *Have you heard*, qui se propose, chaque jour, d'enrichir votre vocabulaire de nouvelles expressions et proverbes en anglais.

Comme Englishtown, de nombreux sites se sont spécialisés dans la production de tests. Quelques adresses vous permettront d'évaluer votre niveau : www.testwise.com ; www.toefl.org ; www.toeic-france.com ; www.ucles.org.uk ; www.francobrit.org ; www.edutest.com

Participer à un forum de discussion en anglais ou rencontrer des **<u>*keypals*</u>**. Certains forums de discussion ou *chat rooms* ont une vocation pédagogique et vous proposent de vous mettre en contact avec des *keypals* parlant la langue que vous souhaitez découvrir. Le principe est simple : vous êtes français et vous souhaitez travailler votre anglais ? Le réseau se charge de vous mettre en relation avec un homologue anglophone qui souhaite s'initier ou se perfectionner en français. Une fois établi, le tandem est responsable de son apprentissage. Chaque partenaire se met à la disposition de l'autre comme expert de sa langue et de sa culture.

> **<u>*KEYPALS*</u>**
> **Ce terme désigne les amis, les copains, les correspondants qu'on ne connaît que par l'intermédiaire d'un clavier.**

De nombreux autres sites. Certains demandent une participation financière comme Franceworld (www.franceworld.com), qui fait payer 3,05 € l'adresse de correspondant. D'autres sont

GROS PLAN

DES SITES RÉPERTOIRES DE SITES

Le site Net-language (www.net-language.com) se présente comme le lieu de rendez-vous incontournable des internautes qui souhaitent découvrir (ou transmettre) une langue en ligne. Vous souhaitez vous initier à la langue des signes américaine, au russe, à l'espagnol commercial, au danois ou même au sioux ? Net-language vous fournit les liens les plus adaptés : forums de discussion, écoles virtuelles, vidéo-conférences, articles de presse, sites des radios et télévisions émettant dans la langue choisie...

Le site du DLVP (département de langues vivantes pratiques) de l'université Bordeaux 2 (www.langues-vivantes.u-bordeaux2.fr) propose également des liens vers d'autres sites Internet. Sur la page d'accueil, cliquez sur « liens pour travail en ligne », puis sur « SAPAG ». Vous y trouverez 12 rubriques, régulièrement mises à jour : *Business English, Dictionaries, Discussion, English for Special Purposes, Grammar, Listening Comprehension, Phonetics, Puzzles, Reading Comprehension, Tests, Vocabulary,* et *Writing.*

La page de l'Angliciste (http://kootchoo.dyndns.org) répertorie de nombreuses adresses de sites pédagogiques à l'intention des professeurs d'anglais, mais pouvant s'adresser par ailleurs à des élèves qui souhaitent s'exercer à la langue de Shakespeare. Classées par thème, ces adresses vous renvoient vers des sites qui sont quelquefois étonnants : tests de niveau, leçons complètes, exercices de lecture, vocabulaire, grammaire... Également, paroles de chansons, forums de discussion.

Le site Volterre (www.wfi.fr/volterre/) a pour vocation d'aider les personnes enseignant ou étudiant l'anglais à trouver des ressources sur Internet.

réservés à des utilisateurs étudiants ou professeurs, comme epals.com (www.epals.com), *classroom exchange* qui permet de dénicher un *keypal* parlant anglais mais aussi des correspondants de langue allemande ou espagnole. Vous pouvez aussi vous connecter sur : K-12 Keypals (www.angelfire.com/wv/tommyson/keypals/), EnglishClub (www.englishclub.com), Net-language (www.net-language.com) ou Mightymedia (www.mightymedia.com/keypals/), qui permettent aussi de dénicher un correspondant.

Les sites des magazines pédagogiques. Bien connus des professeurs de langues ainsi que des étudiants, les magazines *Vocable*, *I Love English*, *Today in English*, ont créé des sites offrant un complément interactif d'apprentissage et de révisions. Les sites de *I Love English* (www.iloveenglish.com) et *Today in English* (www.todayinenglish.com) proposent des activités pédagogiques pour écouter, lire et apprendre ; une bibliothèque de ressources pour élargir vos connaissances ; un club des élèves pour communiquer et s'exprimer ; un club des enseignants pour s'informer, communiquer et préparer ses cours.

Le site de *I Love English* s'adresse à des élèves francophones de niveau collège et à leurs enseignants. Les contenus recouvrent le lexique et les difficultés correspondant au programme du collège et à un niveau débutant. Le site de *Today in English* s'adresse plutôt aux lycéens et à leurs enseignants, mais aussi à un public d'étudiants et d'adultes en formation. Les contenus correspondent à un niveau intermédiaire et niveau avancé de connaissances en anglais. Pour accéder aux sites, vous devez souscrire un abonnement (à partir de 45,58 € par an). Sur le site du magazine *Vocable* (www.vocable.fr), vous pouvez, d'autre part, consulter des articles.

Pour travailler votre prononciation. EnglishClub (www.englishclub.com/pronunciation) propose divers ateliers : les *tongue twisters* sont des suites de mots à prononcer rapidement (« *Around the rugged rocks the ragged rascals ran.* »), les

GROS PLAN

UN SITE FRANÇAIS POUR APPRENDRE L'ANGLAIS

Maître de conférences de langue et littérature anglaises dans une université parisienne, Michael Riccioli, passionné d'informatique, a créé son site personnel, English Language/British Culture, qu'il définit volontiers comme un centre de ressources. « Tout le monde peut venir faire un tour et puiser ce dont il a besoin. À la fac, lorsque j'ai des étudiants en cours qui ont des difficultés sur tel ou tel point, je les envoie sur mon site. Là, je sais qu'ils trouveront une série d'exercices correspondant justement à leurs points faibles. Le problème principal reste cependant l'accès à Internet. Beaucoup ne sont pas équipés », déplore le professeur.

Les exercices, construits toujours en relation avec la culture britannique, s'adressent à tous les niveaux. Le jour d'Halloween, Michael Riccioli proposait par exemple un exercice à trous, permettant de travailler différents points de grammaire, et apportant aussi des explications sur l'origine de cette fête et sa signification. À Noël, vous pouvez même chanter devant votre écran des cantiques en anglais avec paroles et musique ! Le caractère ludique du site stimule l'apprentissage de points grammaticaux jugés d'ordinaire rébarbatifs. Mots croisés, mots fléchés, « pendu », quiz sont autant de façons de travailler vos verbes irréguliers, les prépositions, les postpositions...

Des exercices d'anglais spécialisé (littérature, affaires), une bibliographie sur la politique britannique, des textes de civilisation sont également disponibles. Ce site, dont l'accès est entièrement gratuit, mérite qu'on s'y attarde.

• English Language/British Culture :
www.lapasserelle.com/lm/

ateliers de *sentence stress* et de *word stress* vous apprennent à reproduire la musique de l'anglais oral et vous donnent des clés pour saisir un discours en anglais même s'il est prononcé rapidement, un autre atelier vous entraîne à la prononciation appropriée du fameux « -ed »… Vous pouvez aussi accéder à un forum, Pronunciation Help, ou commander des CD-Rom consacrés à la prononciation de l'anglais (environ 145 € pour Pronunciation Power 1 et 84 € pour le Power 2).

Pour suivre les actualités en anglais. Tous les grands journaux et chaînes de télévision ont un site Internet. Voici quelques adresses utiles : CNN (www.cnn.com) ; BBC world service (www.bbc.co.uk/worldservice) ; *The Guardian* (www.guardian.co.uk) ; *The Times* (www.thetimes.co.uk) ; *The New York Times* (www.nytimes.com).

Les sites pour apprendre l'allemand

Pour les germanistes, les sites sont moins développés. Voici pourtant quelques adresses utiles à connaître : « Les pages de grammaire allemande » de Jean-Paul Cronimus, avec les explications en français (www.multimania.com/orfanses/), proposent des exercices de langues. « Deutsch für Grundschüler » (www.oriolus.com/) est un cours d'allemand en ligne pour débutants. Le Deutsches Historisches Museum (www.dhm.de/) présente des documents et des images sur l'histoire allemande. Le Goethe Institut a également un site (www.goethe.de/). Enfin, sur le site du magazine *Vocable* (www.vocable.fr), vous pouvez consulter des articles.

Les sites pour apprendre l'espagnol

En ce qui concerne l'espagnol, le site de l'université du Missouri (www.umr.edu/) propose un cours de base de 52 modules. L'objectif est d'apprendre à lire et à comprendre l'espagnol le plus vite possible. La méthode insiste sur les difficultés que rencontrent généralement les non-hispanophones, notamment les verbes irréguliers, plus nombreux en espagnol qu'en français. L'université du Missouri propose aussi des liens vers Temas, un autre cours d'espagnol de base, et Web Spanish Lessons, les premières à avoir fait leur apparition sur Internet.

Le Birbeck College de l'université de Londres (www.bbk.ac.uk) dispense également sur Internet des cours d'espagnol de niveau intermédiaire. Avec le soutien des services de l'éducation de l'ambassade d'Espagne au Royaume-Uni, le Birbeck College met en ligne chaque semaine un magazine électronique consacré à l'apprentissage de l'espagnol, *Tecla*. Chacun des numéros comporte trois ou quatre textes suivis d'exercices pratiques et d'un lexique espagnol-anglais. *Tecla* met l'accent sur l'Espagne mais accorde aussi une large place à l'Amérique latine.

Un index thématique permet de consulter les archives qui remontent à 1994 et sont divisées en plusieurs catégories (agriculture, jeunesse, politique, etc.). C'est donc à la fois un site d'apprentissage mais aussi une banque de données très riche. Vous trouverez des liens avec des œuvres littéraires espagnoles, la bibliothèque nationale d'Espagne et deux universités de Barcelone.

D'autres sites, tels que Nueva Tierra (www.nueva-tierra.com), proposent des outils pour apprendre l'espagnol en ligne. La page du professeur d'espagnol (www.prof-despagnol.com) renvoie sur de nombreux sites du monde hispanique. Enfin, le site du magazine *Vocable* (www.vocable.fr) présente des articles en espagnol.

LES CASSETTES AUDIO

Parlez l'anglais, c'est facile, *L'Américain sans peine*, *L'Allemand tout de suite*, *L'Espagnol d'aujourd'hui en 90 leçons*, autant de titres qui sonnent comme des promesses de réussite. Ces méthodes sont-elles vraiment efficaces ? À quel public s'adressent-elles ?

Contrairement aux CD-Rom ou aux cours de langues sur Internet, les cassettes audio sont rarement ludiques. Il faut donc être très motivé pour y recourir. Valables à partir d'un niveau « faux débutant », ces méthodes sont recommandées pour bien exercer son oreille à la musique de la langue. Le gros avantage de ce type de support est sans aucun doute sa simplicité d'utilisation. Un simple magnétophone suffit, à la limite un walkman pour travailler dans n'importe quelles circonstances (dans le bus ou le métro, en faisant son jogging...).

Marketing oblige, la plupart des méthodes sont présentées comme rapides et efficaces. Mais il n'est pas toujours facile de se repérer et de bien choisir. Comme pour les CD-Rom, nous nous en remettons à l'avis de professionnels. Les produits présentés ici ont été évalués par le personnel de la librairie Attica, en collaboration avec une équipe d'enseignants.

Les cassettes d'anglais

Backup est une méthode de remise à niveau proposant des chapitres thématiques, une révision de la grammaire, du vocabulaire et de la phonétique, ainsi qu'un entraînement à l'expression et la compréhension écrite et orale. Le pack comprend une cassette, un livre-cahier et un livre de corrigés dans lequel sont retranscrits tous les enregistrements. La méthode bilingue s'adresse à un public de faux débutants et à ceux d'un niveau préintermédiaire. Chez Hachette éducation, à partir de 25,24 €.

BBC 1, 2, 3. Le contenu de cette série est à la hauteur de sa présentation luxueuse. Cette méthode propose des leçons par thèmes et progressives, des tests d'autocontrôle. La grammaire est expliquée au moyen d'exercices avec corrigés. Un glossaire final et un guide de prononciation rendent le livre vraiment complet. Quatre cassettes d'enregistrement de qualité l'accompagnent. BBC 1 correspond au niveau débutant, BBC 2 est destiné aux faux débutants et BBC 3 au niveau préintermédiaire. Chez Omnivox, un livre et quatre cassettes à partir de 53,05 €.

À SAVOIR

Du niveau débutant au niveau avancé

Les jaquettes des méthodes audiovisuelles précisent en principe toujours le niveau auquel elles sont destinées. Les définitions suivantes doivent vous aider à trouver la méthode la plus adaptée à vos besoins, mais elles n'ont pas un caractère strict.

Le niveau débutant signifie que vous n'avez aucune connaissance préalable de la langue.

Le niveau « faux débutant » fait état de quelques connaissances éparpillées, d'un acquis d'environ 600 mots, de grandes difficultés d'expression et de compréhension et de lacunes grammaticales.

Le niveau préintermédiaire indique que vous êtes capable de tenir une conversation simple et que vous avez un acquis de 800 à 1 200 mots.

Le niveau intermédiaire signifie que vous avez un vocabulaire assez étendu (de 1 500 à 2 000 mots), une bonne compréhension orale et une expression assez fluide. Vous êtes capable de communiquer « en situation » dans le pays.

Le niveau postintermédiaire atteste d'un vocabulaire étendu (environ 2 400 mots), d'une très bonne compréhension orale et écrite permettant d'intervenir dans les situations quotidiennes et professionnelles. Les structures grammaticales sont maîtrisées.

Le niveau avancé implique une grande facilité d'expression et de compréhension orales. La lecture de textes généraux et techniques ne pose pas de problèmes particuliers. De même, vous êtes capable d'écrire sans avoir recours au dictionnaire.

Voie express anglais pour francophones USA est une méthode légère pour démarrer sur de bonnes bases. Une révision des connaissances est proposée, ainsi qu'un entraînement intensif à l'**expression orale**. Cette méthode d'apprentissage s'adresse surtout à des faux débutants qui souhaitent s'initier à l'anglais américain. Le pack comprend un livre, un guide et quatre cassettes de soixante minutes chacune. Chez Nathan, 38,87 €.

EXPRESSION ORALE
Des exercices, tests, jeux, pauses culturelles et bilans réguliers permettent de mesurer vos progrès.

Britain now 1 et Britain now 2 sont conçus pour travailler la compréhension orale et présentent un enregistrement d'interviews de Britanniques sur des aspects de la vie quotidienne (politique, famille, régions et presse). Ce support a été conçu pour ceux qui ont un niveau intermédiaire et postintermédiaire. Chez BBC France, le livre seul pour Britain now 1 coûte 6,90 €, le livre et la cassette sont à 20,61 €. Britain now 2 est à 6,95 € pour le livre seul, à 24,48 € pour le livre et la cassette.

Les cassettes d'allemand

Deutsch Rapid, l'allemand sans professeur est une méthode d'allemand qui permet d'acquérir rapidement des connaissances linguistiques relatives à la vie courante d'aujourd'hui. Des dialogues, vivants et actuels, sont suivis d'explications grammaticales et d'exercices d'application. Il y a un chapitre sur la langue du téléphone et la rédaction du courrier. La présentation est claire et agréable (en plus du livre et des deux cassettes, on trouvera une affiche pour mémoriser l'essentiel de la grammaire). Verlag für Deutsch, à partir de 29,12 €.

L'Allemand utile a pour objectif de donner les moyens de communiquer naturellement dans des situations quotidiennes ou professionnelles. La méthode est destinée aux faux débutants et aux étudiants d'un niveau préintermédiaire ou intermédiaire. Chez Didier, à partir de 20,58 € (livre et cassette).

40 Leçons pour parler allemand est une méthode d'auto-apprentissage qui vise l'utilisation immédiate des bases de la langue, dans le but d'acquérir d'emblée une capacité à s'exprimer. Les leçons sont brèves, elles comportent de nombreux exercices ainsi qu'un précis grammatical. Pour les débutants et faux débutants, chez Pocket, 34,62 € (livre et cassette).

Papa, Charly hat gesagt présente des dialogues entre un fils et son père humoriste et permet de s'entraîner à la compréhension de l'allemand parlé tout en donnant un aperçu (plutôt drôle) de la civilisation allemande contemporaine. Elle a été conçue pour des niveaux préintermédiaire et intermédiaire. Chez Langenscheidt, à partir de 34,62 € (livre et cassette).

Les cassettes d'espagnol

Pratiquez l'espagnol présente 40 thèmes à base de dialogues, mettant l'accent sur les différences entre l'Espagne et l'Amérique latine, accompagnés d'exercices. Cette méthode s'adresse aux faux débutants. Chez Pocket, à partir de 31,76 €.

A la escucha est un livre d'exercices de compréhension et d'expression orale et écrite, établis à partir de l'écoute de textes, de dialogues et de documents authentiques. Les textes sont répartis en 14 unités thématiques (temps libre, radio, vacances). Les activités sont diversifiées et bien illustrées. À la fin du livre qui accompagne la cassette figurent les scripts, ainsi que les réponses aux exercices. Cette méthode est adaptée aux faux débutants ainsi qu'aux étudiants qui ont un niveau préintermédiaire. Édition SSM, à partir de 25,54 €.

Ejercicios práticos de pronunciación de español propose des exercices systématiques de prononciation, accompagnés de l'explication des difficultés principales. La méthode présente également le corrigé des exercices, ainsi qu'une liste du vocabulaire abordé. Elle convient aux débutants et faux débutants. Éditions SGEL, à partir de 29,73 €.

Punto final est organisé autour de cinq thèmes contemporains (la femme, l'écologie, la publicité...), chacun étant exploité rigoureusement et systématiquement d'un point de vue grammatical, historique et culturel. La méthode mêle supports écrits et audio à la vidéo, ce qui la différencie de ses concurrentes. Pour des niveaux intermédiaire et postintermédiaire. Edelsa, le livre 21,04 €, la cassette audio 22,87 €, la cassette vidéo 30,49 €.

Socios est une méthode organisée en 12 unités et qui s'adresse à des débutants soucieux d'acquérir rapidement le vocabulaire de l'entreprise et du monde du travail. Chaque module a un objectif « professionnel » tout en permettant d'aborder les points de grammaire nécessaires, les points de vocabulaire et les fonctions communicatives indispensables, à savoir : organiser un rendez-vous, créer une entreprise, mettre en valeur un projet, organiser une réunion... le tout à partir de documents authentiques, d'exemples concrets et de jeux de rôle. La méthode peut être utilisée en espagnol des affaires ou pour la préparation des BTS. *Socios*, chez Difusion, 67,46 € pour le livre, le livret d'exercices et les trois cassettes.

LES FILMS EN VO

Le cinéma en VO (version originale) peut être un support pédagogique très motivant. Plusieurs décodeurs ont été mis au point pour sous-titrer en anglais un film dont les dialogues sont également en anglais. C'est le cas du décodeur *closed caption*. Cet appareil vous permet une lecture simultanée des dialogues et une meilleure compréhension du film.

> ***MOVIE TEXT***
> **Il permet, depuis sa télécommande, d'afficher des sous-titres, de visionner « plein écran » des textes et de faire des arrêts sur image.**

Reposant sur le même principe, le ***movie text*** d'Hitachi est un petit appareil qui affiche dans la langue les sous-titres des vidéos anglaises ou allemandes. Le *movie text* d'Hitachi décode 4 500 films anglais ou américains et 80 films allemands. Ainsi, vous pourrez voir ou revoir *Everyone Says I Love you* de Woody Allen, *Titanic* de James Cameron, *Absolute Power* de Clint Eastwood, *The Remains of the Day* de James Ivory ou encore *The Commitments* d'Alan Parker. La plupart des librairies spécialisées publient des catalogues où vous trouverez les dernières nouveautés ainsi que les grands classiques. Pour utiliser un décodeur (également en vente dans les librairies spécialisées à partir de 150 €), vous devez être équipé d'un magnétoscope Pal-Secam avec système de lecture NTSC.

Pour allier plaisir du cinéma et exercice de compréhension orale, vous pouvez aussi regarder des films en vidéo, non sous-titrés, mais accompagnés du script intégral. Cette formule existe pour les films suivants : *Career Girls*, *The Crucible*, *English Patient*, *The Full Monty*, *Hamlet*, *Jude*, *Shine*. À partir de 42 € pour une cassette vidéo et son script.

Enfin, lorsque vous allez à une séance de cinéma, préférez toujours la version originale du film. Même si vous n'arrivez pas à vous détacher des sous-titres français, écouter des dialogues en anglais, en allemand ou en espagnol pendant près de deux heures est toujours un bon exercice pour vos oreilles !

PRESSE ET LITTÉRATURE

Pour enrichir votre vocabulaire, découvrir un auteur en version originale ou vous familiariser avec la culture d'un pays, rien de mieux que de lire régulièrement un magazine étranger ou un roman bilingue.

Les magazines

Les magazines pédagogiques combinent apprentissage (ou révision) de règles de grammaire et de vocabulaire et approche de l'actualité étrangère. *Vocable* (qui existe dans plusieurs langues) et *Today in English* sont les plus anciens.

Vocable propose, tous les quinze jours, une sélection d'articles issus de la presse étrangère (*The Sun*, *The Independent*, *The Observer*, *Newsweek*...). Plusieurs rubriques donnent au lecteur le choix de lire des articles consacrés à des faits de société, à la vie politique, économique ou culturelle, aux sciences ou encore au tourisme. Chaque sujet est accompagné d'annotations et de vocabulaire. La difficulté des textes est indiquée par une, deux ou trois petites étoiles. Ce système permet de s'orienter vers les articles les plus adaptés à son niveau de langues.

Depuis la rentrée 1999, *Vocable* propose à ses lecteurs de s'entraîner au fameux TOEIC (*Test of English for International Communication*). Le *Vocable TOEIC Training* est un minitest conçu pour optimiser vos chances de réussite au test. Toutes les questions du test sont axées sur les quatre derniers numéros du magazine : 50 questions de compréhension orale sur la cassette qui accompagne ce supplément et 50 questions de compréhension écrite. Si vous êtes déjà abonné au magazine, ce supplément vous coûtera 18,29 € pour l'année (cinq numéros et cinq cassettes). Sinon, *Vocable TOEIC Training* vous reviendra à 59,15 €.

Vocable plus propose, tous les quinze jours également, 16 pages de jeux, d'exercices de grammaire, de vocabulaire, de prononciation ainsi que des astuces pour mieux comprendre l'anglais. Basé sur les articles du journal, *Vocable plus* développe à chaque fois une règle de grammaire, et propose tous les cinq numéros des pages de révision. Comme dans le journal, les exercices sont classés selon leur niveau de difficulté, vous aidant ainsi à évaluer vos progrès. Réalisé par une Anglaise, Judy Martinez, et une Américaine, Sasha Hourwich, ce cahier suit de près l'évolution de la grammaire dans ces deux pays.

Pour associer l'oral à l'écrit, *Vocable* propose des cassettes audio de trois types : une cassette de lecture de tous les articles, une cassette de niveau *basic* conçue de la façon suivante : tous les quinze jours, Judy Martinez accueille un invité différent dans son studio d'enregistrement. Celui-ci choisit deux ou trois articles du journal puis en lit lentement quelques paragraphes. Un débat sur le ou les thèmes des articles retenus clôt l'enregistrement. La cassette de niveau *advanced* pénètre plus avant dans les difficultés de la langue, toujours grâce aux articles, et à travers une interview exhaustive avec un spécialiste des thèmes abordés dans les articles choisis. *Vocable*, *Vocable plus* et les cassettes existent en version allemande et espagnole. Vous pouvez vous procurer le journal dans tous les kiosques et librairies spécialisées au prix unitaire de 2,44 € (à partir de 40,86 € pour un abonnement annuel). *Vocable plus* et les cassettes sont disponibles uniquement sur abonnement (à partir de 27,44 € pour *Vocable plus* et de 84,76 € pour les trois cassettes).

Today in English est un mensuel qui s'adresse plus particulièrement aux 15-25 ans. Il propose des reportages, des interviews, l'actualité du cinéma et de la musique, des portraits, des dossiers littéraires... Rédigé par des journalistes anglais et américains, ce magazine donne aussi des conseils pratiques pour choisir un séjour linguistique ou partir étudier un an à l'étranger. Le prix au numéro est de 4,57 €. L'abonnement pour un an (11 numéros) revient à 45,58 € ou à 60,83 € pour 11 numéros avec six CD audio.

Pour ceux qui souhaitent acquérir un vocabulaire spécialisé ou suivre l'actualité du pays, il est recommandé de lire directement la presse étrangère. Vous pouvez vous procurer les principaux quotidiens britanniques (*The Independent*, *The Guardian*, *USA Today*), allemands et espagnols dans la plupart des gares ou dans les librairies spécialisées. Il existe également des hebdomadaires, plus spécialisés (*The Economist*, *Business Week*, *Time*, *Newsweek*) dont la lecture requiert un niveau intermédiaire.

Les livres

Dans le cadre de l'autoformation, les romans bilingues constituent un autre outil efficace. Chez Folio ou Press Pocket, vous

LIBRAIRIES ÉTRANGÈRES OU SPÉCIALISÉES

Si vous recherchez un roman en langue étrangère ou une méthode de langues avec livre et cassettes, adressez-vous en priorité à une librairie spécialisée disposant d'un fonds important, et où les libraires pourront vous conseiller. Il est impossible de dresser une liste exhaustive de ces établissements spécialisés, mais nous vous indiquons toutefois ci-dessous quelques adresses pour Paris ainsi que pour les principales villes universitaires.

Région Nord-Est

• Librairie Didier, 6, rue de Gambetta, 54000 Nancy, tél. 03.83.32.00.63.

• Bookshop, 23, rue du Clou-dans-le-Fer, 51000 Reims, tél. 03.26.84.99.81.

• Librairie des facultés, 2, rue de Rome, 67000 Strasbourg, tél. 03.88.60.80.35.

• Librairie Muller, 23, place de Broglie, 67000 Strasbourg, tél. 03.88.32.17.40.

Région Nord-Ouest

• Librairie Doucet, 66, avenue du Général-de-Gaulle, 72015 Le Mans cedex, tél. 02.43.24.43.20.

• Librairie Durance, 4, allée d'Orléans, 44000 Nantes, tél. 02.40.48.68.79.

• Librairie Le Failler, 8, rue Saint-Georges, 35000 Rennes, tél. 02.99.87.87.87.

• Comédie des langues, 25, rue Saint-Malo, 35000 Rennes, tél. 02.99.36.72.95.

• ABC Bookshop, 11, rue des Faulx, 76000 Rouen, tél. 02.35.71.08.67.

Région Sud-Est

- Librairie Goulard, 37, cours Mirabeau, 13000 Aix-en-Provence, tél. 04.42.27.66.47.
- Librairie Mazarine, 11, rue Montmajour, 13000 Aix-en-Provence, tél. 04.42.38.38.55.
- Librairie Decitre, 9-11, Grande-Rue, 38000 Grenoble, tél. 04.76.03.36.36 ; 29, place Bellecour, 69002 Lyon, tél. 04.30.04.26.68, Internet : www.decitre.fr
- Librairie Arthaud, 23, Grande-Rue, 38000 Grenoble, tél. 04.76.42.49.81.
- Prado Paradis, 19, avenue de Mazargues, 13008 Marseille, tél. 04.91.76.55.96.
- Librairie Maurel, 95, rue Lodi, 13006 Marseille, tél. 04.91.42.63.44.
- Bookshop, 4, rue de l'Université, 34000 Montpellier, tél. 04.67.66.09.08.
- The Cat's Whiskers, 30, rue Lamartine, 06000 Nice, tél. 04.93.80.02.66.

Région Sud-Ouest

- Bradley's Bookshop, 8, cours d'Albret, 33000 Bordeaux, tél. 05.56.52.10.57, Internet : www.bradleys-bookshop.com

Paris et Île-de-France

- WHSmith, 248, rue de Rivoli, 75001 Paris, tél. 01.44.77.88.99.
- Brentano's, 37, avenue de l'Opéra, 75002 Paris, tél. 01.42.61.52.50, Internet : www.brentanos.fr
- Nouveau Quartier latin, 78, boulevard Saint-Michel, 75006 Paris, tél. 01.43.26.42.70.
- Attica, 64, rue de la Folie-Méricourt, 75011 Paris, tél. 01.49.29.27.27, Internet : www.attica-langues.com
- Les Lignes du monde, 101, rue du Théâtre, 75015 Paris, tél. 01.45.75.14.33.
- Librairie des langues Eton Diffusion, 17, rue Voltaire, 92300 Levallois-Perret, tél. : 01.47.48.93.47, Internet : www.eton-diffusion.fr

pourrez découvrir ou redécouvrir de grands auteurs classiques, comme Oscar Wilde ou Agatha Christie. Une collection du Livre de poche, « Les Langues modernes », présente plutôt de jeunes auteurs à succès. Citons, par exemple, Roald Dahl et son fameux roman, *Mathilda*. Chez le même éditeur, vous trouverez les collections « Lire en anglais », « Lire en allemand », « Lire en espagnol » qui proposent des livres en version originale. Sur la page de gauche figure le texte et, sur la page de droite, des notes d'explication. Cette présentation, très pratique, évite des allées et venues fastidieux avec le dictionnaire. Enfin, l'éditeur anglais Penguin a également une collection accessible aux non-anglophones d'un niveau intermédiaire, « Penguin Reader's » (à partir de 7,24 € dans toutes les librairies spécialisées).

PARTIE 3

APPRENDRE UNE LANGUE À L'ÉTRANGER

Quand vous étiez au collège, vous aviez peut-être déjà effectué un séjour linguistique en Angleterre ou en Allemagne. Vous n'aviez pas forcément été très studieux, mais vous aviez eu l'occasion de saisir quelques idiomatismes, de vous imprégner d'un accent et surtout de découvrir la culture d'un pays. Maintenant que le bac approche ou que vous vous apprêtez à passer les concours d'entrée dans une grande école, vous aimeriez perfectionner sérieusement votre niveau en langues. Dans cette partie, nous allons vous présenter toutes les possibilités pour étudier une langue à l'étranger en école de langues ou à l'université.

SOMMAIRE

DIX BONNES RAISONS POUR PARTIR

Béatrice revient de loin. Étudiante en LEA (langues étrangères appliquées), elle était, voilà deux ans, sur le point d'abandonner l'université. Aujourd'hui, elle termine sa maîtrise. Six mois aux États-Unis l'ont remise en selle. Au lycée, Béatrice n'avait jamais redoublé. En fac, cette étudiante pourtant volontaire a commencé à battre de l'aile : elle redouble sa première année pour un demi-point, elle rate ensuite la deuxième année pour deux matières sur seize. Un verdict qu'elle estime injuste et qui lui fait perdre confiance en elle. Et c'est déprimée qu'elle arrive en janvier 1997 dans une université new-yorkaise. D'emblée, l'accueil qu'elle reçoit lui renvoie une bonne image d'elle-même : « Quand j'ai expliqué que mes professeurs en France me jugeaient très moyenne en anglais, tout le monde a ri », se souvient-elle un brin amusée. « Aux États-Unis, poursuit-elle, l'enseignant est proche des étudiants. Il est prêt à discuter, à plaisanter avec les élèves et, tout en travaillant, j'ai réussi à me relaxer. J'étais loin de la course aux examens et du climat de stress qu'on connaît bien en France. »

Martin, lui aussi, a le goût des langues. Pourtant, cet élève de terminale ES se serait caché sous son bureau de peur que son professeur d'allemand ne l'interroge. « À l'écrit passe encore, mais à l'oral, j'étais bloqué et je voyais le bac approcher avec frayeur », raconte-t-il. Cependant il aura suffi à Martin de deux semaines à Berlin pour que le déclic se fasse et c'est à l'aise, ou presque, qu'il a pu parler le jour du bac, et durant dix bonnes minutes, du problème de la réunification allemande.

Yann enfin, deux fois candidat à Sciences po, a noté la différence : de 7,5 sur 20 en anglais à la première tentative, il passe à 12,5 lors de la seconde. Dans l'intervalle, il a suivi une semaine de cours particuliers dans une école de langues à Oxford.

Ces trois témoignages prouvent l'efficacité d'un séjour à l'étranger pour apprendre une langue et affronter sans angoisse les épreuves de langues aux divers examens de l'enseignement supérieur. Organisés dans des universités ou dans des écoles de langues, ces stages linguistiques présentent plus d'un avantage. Nous avons recensé au moins dix bonnes raisons pour partir.

1. Une immersion totale

Que vous partiez à **Londres, Berlin ou Madrid**, durant deux ou trois semaines, durée moyenne d'un séjour, vous n'étudierez que l'anglais, l'allemand ou l'espagnol. Une différence de taille avec le lycée, où le cours de langue est coincé entre celui de maths et celui de français. Plongé dans la vie du pays, vous en comprendrez mieux la culture, la mentalité, les traditions. Vous pourrez lire la presse, écouter la radio, regarder la télévision, discuter avec votre voisin ou les commerçants. Une telle immersion est de fait impossible quand on choisit de suivre un stage en France.

> **LONDRES, BERLIN OU MADRID**
> **Vous entendrez parler la langue du pays 24 heures sur 24, de quoi faire de rapides progrès !**

2. Des progrès forcés à l'oral

Timide ou non, vous serez bien obligé de parler, car à l'étranger, la langue reste le meilleur moyen de communication avec tout un peuple. Prendre le bus, faire des courses, demander son chemin… qu'importe que vous fassiez des fautes, il faudra vous lancer ! « Débloqué », vous pourrez alors progresser. Vous allez aussi acquérir plus aisément le vocabulaire de la vie quotidienne, des expressions idiomatiques et capter facilement un accent.

3. Une pédagogie différente

Vos enseignants vous feront découvrir une autre pédagogie. Originaires du pays, ils sont les mieux placés pour faire vivre leur langue, pour en expliquer les subtilités. Les rapports entre les professeurs et les élèves sont aussi différents, moins formels qu'en France, constatent nombre d'étudiants.

4. Des cours adaptés à votre niveau

Du cours d'initiation au stage de perfectionnement, il existe des sessions pour tous les niveaux. Un test de langues à l'arrivée vous permettra de vous inscrire dans la session correspondant à vos capacités. Selon votre niveau, vous pourrez suivre des cours d'anglais, d'allemand, d'espagnol général ou des cours spécialisés pour acquérir un vocabulaire spécifique : vocabulaire commercial, économique, juridique, médical…

5. Des cours adaptés à vos besoins

Vous pourrez aussi, selon vos besoins, préparer des tests étrangers (TOEFL, GMAT, TOEIC…) ou des examens français (bac, concours d'entrée à Sciences po, dans les écoles de commerce, d'ingénieurs…). Certains organismes ont en effet mis en place des sessions spécifiques axées sur la préparation à ces concours.

6. Un système souple

La plupart des cours de langues étant organisés toute l'année, vous pourrez donc partir quand vous le souhaitez et pour la durée qui vous semble nécessaire. Le système est flexible, et certaines écoles de langues démarrent des sessions chaque semaine ou tous les quinze jours. En partant hors des vacances scolaires, vous aurez aussi plus de choix. Mais évitez surtout le mois de juillet qui reste la période la plus chargée.

7. Une approche du système universitaire étranger

Un stage de langues dans une université étrangère permet en outre de connaître le mode de fonctionnement de l'enseignement supérieur du pays. Or, cela est utile lorsqu'on a l'intention de continuer ensuite ses études à l'étranger. Connaissant les règles du jeu, on est alors mieux à même de faire son choix.

8. Des cours de langues associés à d'autres cours

Dans certaines universités, il est par ailleurs possible de suivre, parallèlement à l'étude de la langue, des cours en gestion ou en commerce par exemple. C'est une autre façon de rentabiliser son séjour. L'étudiant qui perd pied dans ses études en France peut trouver là une bonne façon de se remettre en selle.

9. Des étudiants autonomes

Suivre un stage à l'étranger, c'est aussi apprendre à se débrouiller loin de ses repères habituels. À la différence des séjours linguistiques pour collégiens, les stages pour étudiants ne prévoient normalement pas d'activités en dehors des cours. À vous de vous renseigner sur les loisirs, les activités sportives ou culturelles qu'il est possible de suivre durant votre séjour.

10. Une ouverture d'esprit

Vivre dans un pays étranger, en apprendre la langue, en découvrir la culture apportent une ouverture d'esprit incomparable. C'est une expérience que les jurys de concours et les recruteurs considèrent toujours favorablement.

Cinq pays au moins ! Les anglicistes ont l'embarras du choix, même si la Grande-Bretagne reste, et de loin, la première destination pour apprendre l'anglais devant les États-Unis, l'Irlande, le Canada, l'Australie et l'île de Malte. Pour les germanistes, en revanche, le choix est plus limité. Direction l'Allemagne ou, pour les amoureux de Vienne, l'Autriche. Enfin, pour apprendre l'espagnol, vous franchirez les Pyrénées. C'est pratiquement la seule possibilité, l'Amérique latine n'ayant pas développé de stage de langues pour étrangers.

Quel que soit le pays, vous aurez, en général, les mêmes types de stages (en petits groupes, de quinze à trente heures de cours par semaine…). Nous vous présentons dans les chapitres suivants l'ensemble des formules possibles. En revanche, vous rencontrerez d'un pays à l'autre des réalités culturelles ainsi que des traditions différentes.

Les contraintes de temps et d'argent

Le choix d'une destination est donc affaire de goût, mais aussi de temps et d'argent. Si vous êtes déjà allé deux ou trois fois en Angleterre durant vos années de collège ou de lycée, vous pouvez en effet être tenté de séjourner dans des pays lointains comme les États-Unis, le Canada ou même l'Australie.

Cela implique, en raison de la distance et du temps nécessaire pour s'habituer au décalage horaire, des séjours d'une certaine durée (au moins trois ou quatre semaines, voire plus) ; ce qui se traduit par des **coûts plus élevés**. En Europe, au contraire, vous pouvez fort bien, si votre temps et votre budget sont

COÛTS PLUS ÉLEVÉS

On ne peut guère espérer un séjour à New York, Ottawa ou Sydney à moins de 2 300 € pour trois ou quatre semaines, durée conseillée pour optimiser son temps.

limités, ne séjourner qu'une quinzaine de jours à partir d'environ 550 € (transport non compris).

LE ROYAUME-UNI

Paris-Londres : trois heures, environ 140 € l'aller-retour pour les moins de 26 ans. Avec l'Eurostar, le Royaume-Uni est vraiment à deux pas de chez nous. À quelques jours des examens, ce gain de temps peut être précieux. L'étudiant pressé peut, par exemple, suivre une session intensive (soit une trentaine d'heures de cours de langues hebdomadaires) pendant une petite semaine, juste le temps de se remettre à niveau. C'est aussi et d'abord outre-Manche qu'il faut se rendre pour suivre une prépa bac ou une prépa concours.

Des écoles sous contrôle du British Council

Le Royaume-Uni est le seul pays à disposer d'une instance gouvernementale chargée de contrôler les écoles de langues. C'est le British Council (voir page 162). L'enseignement de l'anglais pour étrangers, qui est outre-Manche une tradition, est donc souvent de qualité. Néanmoins, l'hébergement dans des familles d'accueil laisse parfois à désirer. Certaines familles, c'est bien connu aujourd'hui, reçoivent des étrangers pour arrondir leurs fins de mois. Cependant, toutes les régions ne sont pas logées à la même enseigne. Si la côte sud de l'Angleterre, très demandée en été, est une région « à risques », c'est sans doute moins vrai du pays de Galles ou de l'Écosse, régions où l'accent est, en revanche, plus prononcé.

L'IRLANDE

L'intérêt de l'Irlande ? Comme l'Angleterre, c'est un pays proche du nôtre, mais plutôt rural, dont les paysages faits de terre et d'eau sont légendaires. C'est un pays, en outre, où les habitants sont très chaleureux. Ici, vous pourrez séjourner dans une ambiance très familiale. Si vous avez été un peu échaudé par l'accueil des Britanniques, c'est vraiment une destination à retenir. Les Irlandais du Sud, qui sont catholiques, sont en effet plus proches des Français que leurs voisins. On vit en Irlande presque comme dans un pays du sud… en se levant et en se couchant tard. Le confort, en revanche, y est plus rudimentaire qu'en Grande-Bretagne. Les cours, quant à eux, ne présentent pas de différence avec les précédents, et vous pourrez y suivre les mêmes types de sessions, de la préparation au baccalauréat au cours d'anglais spécialisé.

LES ÉTATS-UNIS

Les États-Unis présentent encore bien des avantages, comme le **dépaysement** et l'accueil : nous sommes ici bien loin de la vieille Europe, et les Américains aiment recevoir des étudiants étrangers ; vous devriez donc être bien accueilli. Certaines familles continuent même à recevoir bénévolement des étrangers, alors qu'ailleurs elles demandent à être indemnisées. Si l'on a déjà séjourné en Angleterre ou en Irlande, il est naturel de visiter le grand frère américain. Vous pourrez étudier dans des universités prestigieuses comme Berkeley.

DÉPAYSEMENT
Aux États-Unis, les campus, avec les cinémas, les cafés, les boutiques, sont des villes grandeur nature qui valent le détour, qui font partie du rêve américain et qui n'ont pas pris une ride.

LE CANADA

Le Canada, plus proche des mœurs européennes que son voisin américain, offre une bonne transition entre les États-Unis et la Grande-Bretagne. Vous devriez donc vous y accoutumer facilement. Les écoles et universités, quant à elles, offrent le même type de cours qu'aux États-Unis, mais à des meilleurs prix. Le taux de change du dollar canadien est en effet plus avantageux pour nous que celui du dollar américain. Un séjour de quatre semaines (avec vingt-cinq heures de cours par semaine) qui coûte, voyage compris, 2 200 € aux États-Unis ne vous coûtera que 1 525 € au Canada. En choisissant le Canada, vous pouvez économiser, sinon la totalité, du moins une bonne partie du prix du voyage. Au Canada, les principales destinations se situent en Ontario, avec Toronto et Ottawa, et en Colombie-Britannique, avec Vancouver. Pays encore peu demandé, le Canada offre de bonnes conditions d'accueil et d'hébergement… avec, en toile de fond, des paysages magnifiques.

L'AUSTRALIE

Un pays entre le Nouveau Monde et la tradition britannique. Un pays qui, en dépit de la distance, connaît un succès grandissant. Destination pour des séjours de quatre semaines au moins, l'Australie est un des rares pays où les organisateurs de séjours linguistiques n'ont pas encore de difficultés à trouver des familles d'accueil.

Les cours de langues sont identiques à ce que l'on peut trouver en Grande-Bretagne. Comme les mois de juillet et d'août correspondent à l'hiver, vous devriez, si vous séjournez à cette période-là, avoir l'occasion de rencontrer des étudiants australiens à l'université, puisqu'ils ne seront pas en vacances comme leurs congénères européens.

Le niveau de vie en Australie est, par ailleurs, moins élevé qu'aux États-Unis. À noter enfin, et à la différence d'un pays comme le Canada où il est très difficile de travailler, que les étudiants étrangers ont la possibilité de trouver un **job** à raison d'une vingtaine d'heures par semaine.

JOB
Il est relativement facile de trouver des jobs ou des emplois dans des bars, des restaurants, des hôtels, etc.

L'ALLEMAGNE

Principal partenaire économique de la France, l'Allemagne est la première destination pour les germanistes. La demande pour l'Autriche est plus confidentielle, mais en progression. L'accueil, il est vrai, y est parfois plus convivial qu'en Allemagne et on y mange – détail qui, pour certains, a son importance – à peu près comme en France. En Allemagne, du moins dans les très grandes villes (Berlin, Hambourg, Francfort, Munich…), le logement en famille peut être problématique, car il est généralement situé en périphérie et il faut souvent plus de trente à quarante minutes pour rejoindre son école. Quant aux régions, sachez que la Bavière, région très demandée, est conseillée aux germanistes qui sont déjà à l'aise en allemand, en raison de l'accent fortement prononcé. L'allemand le plus traditionnel (le Hochdeustch) se pratique en Basse-Saxe.

L'ESPAGNE

L'Espagne est la première destination touristique européenne. On peut donc y coupler cours de langues et loisirs, en particulier les visites culturelles, car le pays est vraiment très riche en œuvres architecturales et picturales… Vous pourrez partir en Castille, région où l'**espagnol** est réputé être le plus pur, et notamment à Salamanque, la ville universitaire la plus ancienne d'Espagne. À Madrid, Barcelone, Grenade…, du nord au sud, on trouve toutefois partout un enseignement de qualité. Les Espagnols ayant par ailleurs le contact facile, vous devriez trouver un accueil en famille très chaleureux.

> **ESPAGNOL**
> **C'est la langue maternelle de plus de 330 millions de personnes et la langue officielle de 21 pays dans le monde, mais seule l'Espagne a véritablement développé les stages linguistiques.**

FINANCER SON SÉJOUR

Difficile de trouver deux semaines de cours dans une école en Angleterre, par exemple, à moins de 450 € ou même 600 €, voyage non compris. Un séjour haut de gamme avec cours particuliers peut atteindre les 1 100 €. Ce sont là les premiers prix et ils représentent déjà une somme importante. Or, il existe peu d'**aides** pour financer de telles sessions. Certains organismes acceptent toutefois des paiements échelonnés sur plusieurs mois, d'autres consentent des réductions (de l'ordre de 5 %) dans certaines circonstances : à des enfants d'enseignants, à des frères et sœurs partant ensemble ou à des candidats qui s'inscrivent un ou deux mois à l'avance. Enfin, il existe quelques bourses qui s'adressent à des étudiants et dont vous trouverez le détail ci-après. Mais cela concerne peu de candidats. La plupart d'entre vous devront s'autofinancer. L'un des moyens de réduire le coût est de partir au pair ou de trouver un job étudiant.

AIDES

Sachez que si vous avez moins de 18 ans, vous pouvez aussi bénéficier de certaines facilités grâce aux mairies, aux caisses d'allocations familiales aux fédérations de parents d'élèves ou au comité d'entreprise de vos parents.

LES SÉJOURS AU PAIR

Une famille d'accueil vous loge, vous nourrit et vous verse une rémunération. En échange, vous assurez des travaux ménagers et des heures de baby-sitting. C'est le principe du séjour au pair, la formule la plus économique pour partir à l'étranger.

Au pair à temps complet, vous travaillerez, en Europe, une trentaine d'heures par semaine pour un salaire de 45 € par semaine en Grande-Bretagne. Aux États-Unis, le temps de travail peut atteindre les quarante-cinq heures et la rémunération 120 € par semaine (notez que les familles américaines, contrairement à

À SAVOIR

TRANSPORT NON INCLUS

Les prix que nous donnons ici à titre d'exemple comprennent les cours et l'hébergement, mais pas le transport. En effet, à la différence des séjours linguistiques auxquels vous avez peut-être participé quand vous étiez collégien, les organismes ne s'occupent pas du voyage quand il s'agit de stages en école de langues ou à l'université.

Le candidat part au moment qui lui convient et prend en charge la réservation de son billet d'avion ou de train. Cependant, les sessions très spécifiques (stages de préparation au bac ou de préparation aux concours d'entrée dans les grandes écoles, lire page 151) qui se déroulent à des dates précises prévoient en général un voyage en groupe, les réservations étant, dans ce cas, assurées par l'organisme qui vend le stage.

celles des autres pays, financent le voyage). Un tel emploi du temps, même bien planifié, permet difficilement de suivre des cours de langues. Cela dit, il est quelquefois possible d'effectuer un « demi-pair », ce qui se traduit par une rémunération moindre bien sûr, mais également par plus de disponibilité pour entreprendre des études.

Un bémol : le séjour au pair s'adresse plutôt aux filles qu'aux garçons – poids des traditions oblige. De nombreux organismes de séjours linguistiques proposent de dénicher votre famille d'accueil : cela vous coûtera environ 225 €, que vous ayez choisi de partir en Espagne ou aux États-Unis.

Sachez enfin qu'il faut être âgé de 18 à 26 ans. Aux États-Unis, les candidates seront de préférence non fumeuses et titulaires du permis de conduire.

ZOOM

UN SÉJOUR AU MOINDRE COÛT ?

Résider dans une famille sans suivre de cours : c'est la formule la plus économique. Dans le jargon, on parle de « séjour en immersion ». Certains d'entre vous ont certainement déjà expérimenté ce type de séjour. Vous en connaissez alors les avantages et les limites : des progrès certes, mais exclusivement à l'oral, et des hôtes qui corrigent peu les fautes. Pour entretenir une pratique de la langue, c'est bien. Pour préparer un examen, la formule n'est pas très adaptée. Seuls des cours vous permettront de faire des progrès rapidement. Et plus les cours seront intensifs, plus vous avez de chances de progresser. Et ne l'oubliez pas, comme partout, la qualité se paie. Certains stages sont chers, certes, mais ne vaut-il pas mieux avoir de vrais profs que des étudiants ? À force de rogner sur les budgets, certains organisateurs lésinent aussi sur la qualité et l'efficacité des cours…

TROUVER UN JOB

Certains jobs, comme veilleur de nuit ou baby-sitter, peuvent être conciliables avec des cours de langues. Cependant, ne vous y trompez pas : la rémunération que vous tirerez d'un tel job ne couvrira pas la totalité de vos frais d'inscription dans une école de langues. Ce peut être un appoint, rien de plus.

Il est plus facile de travailler dans un pays de l'Union européenne qu'outre-Atlantique, les jobs inférieurs à trois mois en Europe n'impliquent en effet pas de visa de travail, ni de formalité particulière. À l'inverse, il est pratiquement impossible de travailler au Canada, les visas étant distribués au compte-gouttes. L'Australie ou les États-Unis sont néanmoins un peu plus ouverts. Trouver un job à Los Angeles, Sydney ou Londres depuis la France n'est pas facile. Vous pouvez bien sûr faire appel aux chambres de

PRATIQUE

PRÉVOYEZ VOS DÉPENSES

Que les tarifs annoncés se présentent sous forme de forfait ou non, vérifiez bien que toutes les dépenses qui interviennent dans un stage de langues ont été prévues, histoire de vous éviter les mauvaises surprises ou de vous retrouver sans le sou à des milliers de kilomètres de chez vous... Voici les différentes dépenses que vous aurez à couvrir :

- **les cours ;**
- **les autres activités, telles que les visites, les activités sportives ;**
- **les livres, manuels, polycopiés ;**
- **les suppléments éventuels, tels que l'accès à une salle multimédia ;**
- **l'hébergement et les repas ;**
- **le voyage aller et retour, soit le transfert de chez vous à l'aéroport ou à la gare + le voyage par avion, train ou ferry + le transfert de votre lieu d'arrivée à votre lieu de séjour (et idem pour le retour) ;**
- **les assurances responsabilité civile, rapatriement et annulation ;**
- **les déplacements sur place (par exemple de votre domicile à votre école ou de votre école au centre ville) ;**
- **les frais pour visa éventuel ;**
- **l'argent de poche.**

commerce étrangères (ou aux chambres de commerce franco-britannique, franco-allemande...), qui ont une représentation à Paris, mais le plus simple est de passer par un organisme spécialisé. Une dizaine d'organismes, dont le CIEE (Council on International Educational Exchange, présenté page 163), peuvent vous aider, en vous fournissant des coordonnées d'employeurs, ainsi que des modèles de CV et de lettres de motivation et en vous guidant dans les démarches administratives.

Pour obtenir ces adresses et en savoir plus sur les jobs à l'étranger, vous pouvez consulter l'ouvrage *Le Guide (très) pratique de l'étudiant 2002* dans cette même collection.

LES BOURSES

Les bourses pour financer un séjour linguistique sont peu nombreuses. Nous présentons ci-dessous celles offertes, d'une part, par deux institutions, allemande et franco-allemande et, d'autre part, par le ministère des Affaires étrangères.

Les bourses pour des séjours en Allemagne

L'Office allemand d'échanges universitaires, le DAAD (Deutscher Akademischer Austauschdienst), propose des bourses afin de suivre des cours de langues pendant la période d'été en Allemagne. Ces bourses s'adressent à des **étudiants** (et jeunes chercheurs) inscrits dans une université ou une grande école, justifiant d'un niveau bac+3 dans toutes spécialités, à l'exception des cursus d'allemand, de langues étrangères appliquées, de traduction ou d'interprétariat. Il existe deux types de bourses.

ÉTUDIANTS
Les étudiants français ne doivent pas être âgés de plus de 32 ans (âge limite) pour bénéficier des bourses.

Les bourses de 5 000 DM (soit environ 2 500 €) sont destinées à effectuer un cours de langue intensif pendant huit semaines consécutives entre juin et octobre dans un Goethe Institut en Allemagne. Il ne s'agit pas de cours de langue spécialisée, ni de cours pour des candidats maîtrisant déjà bien l'allemand. Toutefois, des connaissances de base sont exigées et les candidats doivent passer un test de niveau (le niveau minimal exigé est le *Grundstufe I* de l'Institut Goethe). À noter que ces 5 000 DM sont versés directement au Goethe Institut en Allemagne. Les frais de voyage sont à la charge du boursier.

Les bourses de 1 400 DM (soit environ 700 €) sont attribuées pour suivre un cours de trois ou quatre semaines dans une université allemande. Elles s'adressent aux étudiants ayant déjà un bon niveau en allemand, le niveau *Mittelstufe I* étant demandé. Selon son niveau et ses centres d'intérêt, l'étudiant choisit des cours de civilisation, de littérature, d'économie, etc. Cette bourse est versée directement à l'université, qui peut demander un supplément au boursier si les frais excèdent le montant de la bourse. De même, le voyage est à la charge du candidat.

• DAAD, 24, rue Marbeau, 75116 Paris, tél. 01.44.17.02.30, Internet : www.daad.de/paris

L'OFAJ (Office franco-allemand pour la jeunesse) propose également des bourses à des jeunes âgés de 18 à 30 ans pour des cours d'allemand intensif de trois ou quatre semaines en Allemagne. Peuvent bénéficier de cette aide les jeunes professionnels qui envisagent, après ce stage, de travailler en Allemagne, certains enseignants et professionnels qui s'occupent d'enfants ainsi que des étudiants de toutes disciplines (sauf allemand) qui veulent poursuivre leurs études universitaires en Allemagne. Le montant de la bourse s'élève à 1 800 DM (soit environ 915 €).
• OFAJ, 51, rue de l'Amiral-Mouchez, 75013 Paris, tél. 01.40.78.18.18, Internet : www.ofaj.org

Les bourses du ministère des Affaires étrangères

Le ministère français des Affaires étrangères coordonne des stages linguistiques d'été proposés par différents pays : en Europe occidentale ou orientale (Espagne, Finlande, Norvège, Suède, Bulgarie, Hongrie, Pologne, République tchèque, Roumanie, Russie, Slovaquie, Slovénie…), ainsi qu'au Proche-Orient (Israël, Égypte, Koweït). À noter qu'au Koweït, les stages ont lieu durant toute l'année et pas seulement en été comme dans les autres pays. Les pays destinataires, dans le

À SAVOIR

D'AUTRES AIDES POSSIBLES

Voici quelques pistes à explorer pour trouver une aide pécuniaire. Certains organismes de séjours linguistiques peuvent par ailleurs verser une bourse à des élèves ou étudiants dont la situation financière est difficile. Néanmoins, ceci se fait au cas par cas.

Les comités d'entreprise. Certains CE (comités d'entreprise) ou services sociaux d'entreprises publiques aident financièrement les enfants de leurs salariés à effectuer un séjour à l'étranger. L'aide, qui couvre entre 30 % et 70 % du montant d'un séjour, dépend du quotient familial (calculé à partir des revenus de la famille et du nombre de parts fiscales).

Les mairies. Elles peuvent, comme les CE, apporter leur contribution. L'aide financière s'adresse aux jeunes de la commune et dépend de la politique des élus. Le plus simple est de contacter le service social de votre mairie pour savoir si une telle aide est prévue.

Les CAF (caisses d'allocations familiales). Elles délivrent des bons vacances qui peuvent aider à financer un stage linguistique. Pour en bénéficier, la famille doit percevoir des allocations familiales. L'aide dépend là encore des revenus de la famille. Elle peut varier de moins de 1,50 € par jour à plus de 12 €. Chaque CAF a son barème et sa propre politique. Attention, les CAF n'acceptent pas toutes de financer les séjours à l'étranger.

La PEEP (Fédération des parents d'élèves de l'enseignement public). Elle dispose d'un service de séjour linguistique qui accorde aux membres de la PEEP une réduction de 5 % sur le prix d'un séjour (pour en savoir plus, reportez-vous page 164).

cadre d'accords bilatéraux, prennent en charge l'accueil des Français sur place et le ministère propose, en complément et dans certains cas (en Europe orientale), la prise en charge des frais de transports internationaux de capitale à capitale. L'aide prévue peut, au final, couvrir tout ou partie du voyage, de l'hébergement ou des cours.

Chaque année, plus de 600 étudiants ou professionnels bénéficient de cette aide. Pour **participer à ce programme**, il faut être âgé de moins de 35 ans et avoir au minimum un niveau bac+2 dans la langue du pays sollicité. Les étudiants inscrits dans d'autres disciplines peuvent aussi être candidats, s'ils ont un niveau maîtrise et deux ans au moins d'étude de la langue. Les candidats sont retenus au vu de leurs connaissances linguistiques et de leurs motivations.

PARTICIPER À CE PROGRAMME

Demandez les dossiers dès le premier trimestre de l'année scolaire pour l'été suivant, les inscriptions étant closes dès le 15 décembre pour Israël et l'Inde.

• Ministère des Affaires étrangères, Division de la formation des Français à l'étranger, 244, boulevard Saint-Germain, 75007 Paris, tél. 01.43.17.66.99, Internet : www. diplomatie.gouv.fr, e-mail : boursiers.français@diplomatie.gouv.fr

PÉDAGOGIE ET ENCADREMENT

Oubliez vos cours magistraux, vos classes surchargées et ce prof d'anglais qui fait son cours et plie immédiatement bagage dès que la sonnerie retentit. À l'étranger, vous découvrirez une autre pédagogie dans un climat souvent convivial. Vous étudierez en petit groupe, et un test organisé à votre arrivée vous permettra d'être affecté à un groupe de votre niveau. À moins que vous n'optiez pour un cours particulier, du sur mesure pour élève super motivé ! Par ailleurs, certains établissements disposent de laboratoires de langue multimédia. Des visites, des activités culturelles sont aussi souvent prévues par les organisateurs. Voici, point par point, les pratiques adoptées.

Cours en petit groupe ou cours particulier

Une quinzaine d'élèves par groupe, c'est la norme prévue, bien que, d'un stage à un autre, le nombre d'élèves puisse considérablement varier. Certains stages comptent huit élèves (voire pas plus de trois ou quatre dans certains cas), d'autres peuvent aller jusqu'à 18 élèves, ce qui représente une différence de taille. Cependant, même un effectif de 18 élèves permet une participation de chacun et crée une **dynamique de groupe**. Certains exercices utilisés dans les cours de langue – débats, jeux de rôle, sketches – ne peuvent aussi se faire qu'en groupe.

> **DYNAMIQUE DE GROUPE**
> **Un étudiant pose une question, elle en évoque une autre chez son voisin, un troisième fait une erreur, un autre le corrige…**

Outre les cours collectifs, certains établissements (des écoles de langues plutôt que des universités) dispensent aussi des cours particuliers. Cette formule (forcément plus chère) est

À SAVOIR

UN TEST DE NIVEAU SYSTÉMATIQUE

Vous pensiez être plutôt bon en grammaire, mais ma foi, ce n'est pas brillant. À l'inverse, votre vocabulaire n'est pas aussi pauvre que vous ne le pensiez. Un test avant le début des cours permet d'établir le bilan de ses compétences dans la langue que l'on souhaite étudier.

Ce test, qui doit être administré systématiquement, n'a pas pour objet de sélectionner, mais d'évaluer les connaissances de l'élève pour l'affecter dans un groupe correspondant à son niveau. Il aide aussi stagiaires et enseignants à pointer les difficultés et à mesurer les efforts à fournir.

Certains tests demandent une bonne heure pour être remplis. Répondez-y avec soin, sinon vous risquez d'être affecté dans un groupe inférieur à votre niveau et donc de perdre votre temps. En fin de stage, vous pourrez être, de la même façon, soumis à un test d'évaluation afin de mesurer les progrès accomplis. Certains organismes remettent même un certificat de stage.

idéale pour un enseignement très personnalisé et quand on dispose de peu de temps.

Marianne, qui a séjourné une semaine en Grande-Bretagne, raconte : « Mon problème en anglais n'était pas tant d'écrire que de comprendre ce que l'on me disait et de pouvoir m'exprimer. Je voulais tout particulièrement travailler l'oral. Voilà pourquoi j'ai choisi le cours particulier. » Dans ce face-à-face prof-élève, les erreurs sont corrigées au fur et à mesure. Mais attention, le cours particulier est plus fatigant pour l'étudiant, car son attention est sollicitée sans relâche.

C'est une des raisons pour lesquelles il existe des formules mixtes. L'OISE (Oxford Intensive School of English), école d'origine britannique comme son nom l'indique, organise ainsi un stage avec des cours en groupe (huit élèves maximum) le matin et des cours particuliers l'après-midi. Une telle formule permet de bénéficier des avantages des deux systèmes.

Une pédagogie active

Commenter un journal télévisé, deviner des mots à partir de définitions, exploiter une revue de presse, participer à un sketch, écrire et monter une pièce : les exercices prévus (en dehors des classiques versions, essais ou thèmes) cherchent à être attractifs, vivants, interactifs. La nature du stage, bien sûr, détermine le contenu des exercices. Lors d'une session d'anglais juridique par exemple, le stagiaire peut travailler sur des textes de loi, simuler une enquête judiciaire ou un jugement, être amené à écrire une lettre à un avocat.

Dans un même stage (y compris en cours particuliers), plusieurs enseignants alternent en général. Le premier est chargé des cours de grammaire, le deuxième de l'expression orale et de la prononciation, le troisième du vocabulaire et de la compréhension. Quand on fait de l'anglais, de l'allemand ou de l'espagnol à raison de cinq ou six heures par jour, c'est une façon d'éviter la routine tout en se confrontant à différentes pratiques.

LES ENSEIGNANTS

« Les profs restaient sur le campus jusqu'à 18 heures en principe, mais il nous arrivait d'aller au cinéma et au théâtre ou de boire un verre ensemble après les cours. C'était très bon enfant », raconte Sylvie, qui a séjourné un mois à l'université de Battleboro dans le Vermont, aux États-Unis. Comme beaucoup d'étudiants qui partent dans ce pays, elle a été séduite par les relations conviviales entre profs et élèves. C'est une atmosphère motivante, surtout quand on se sent un peu « coincé » en langue.

Professeurs natifs, étudiants ou enseignants français

Un prof originaire du pays est le mieux placé pour faire comprendre les subtilités de sa langue, enseigner les expressions idiomatiques, communiquer le bon accent, parler de l'histoire de son pays, de sa culture, de ses traditions, de son évolution. Les professeurs sont en principe formés pour enseigner leur langue à des étrangers. En Grande-Bretagne ou en Irlande, par exemple, cette qualification est attestée par le TEFL *(Teaching English as a Foreign Language)*, ce qui signifie « enseignement de l'anglais comme langue étrangère »; le TEFL s'obtient après des études universitaires. Cela dit, en particulier l'été, période la plus chargée, il arrive que des écoles fassent aussi appel à des étudiants et la **pédagogie** peut s'en ressentir.

PÉDAGOGIE

Pour des sessions très ciblées – sessions d'anglais (d'allemand ou d'espagnol) médical, juridique ou technique –, l'école peut avoir recours à des professionnels ou spécialistes du domaine étudié.

Mais les enseignants sont parfois français. Du moins est-ce le cas dans certains organismes qui, ayant leur bureau en France, montent leurs propres stages linguistiques à l'étranger et, en particulier, des sessions de préparation au baccalauréat et aux concours d'entrée dans les grandes écoles (écoles d'ingénieurs ou de commerce, se reporter à la page 151).

Or, ces examens et concours sont très franco-français. Les enseignants qui exercent durant l'année scolaire dans nos lycées sont bien placés pour en connaître les exigences. Quoi qu'il en soit, ces enseignants français travaillent en duo avec des profs du pays. Le premier dispense l'enseignement de la grammaire, le second se charge de l'expression orale et du vocabulaire.

ÉCOLE OU UNIVERSITÉ

Vous pouvez suivre des cours de langues dans une école, dans une université ou dans le cadre d'un organisme de séjours linguistiques. Bien que les uns et les autres suivent des principes communs en matière de contenu des stages et de pédagogie (lire ci-dessus), chacun a ses spécificités.

Les stages en université

Ces **stages** sont organisés par les départements de langues ou de formation continue des universités. Les uns le sont durant toute l'année, les autres seulement en été. Le baccalauréat n'est pas obligatoire pour s'y inscrire, cependant une première expérience de la vie en campus est préférable : vous ne serez pas du tout chaperonné et les campus américains, immenses, demandent une certaine autonomie.

> **STAGES**
> **Public concerné : des étrangers au pays d'accueil devant être âgés de 17-18 ans au minimum.**

L'hébergement s'effectue le plus souvent en cité universitaire, parfois en famille d'accueil. Les stages peuvent durer de deux à dix ou douze semaines. Le prix d'une session d'anglais intensif de quatre semaines dans une université américaine, canadienne ou australienne varie de 1 300 € à 2 300 € environ (frais de voyage non compris).

Les sessions en école de langues

À la différence des universités, les écoles de langues s'adressent à tous publics : au collégien, au lycéen, à l'étudiant, au professionnel. Certaines, cependant, n'organisent des stages de langues que pour un public âgé de plus de 16 ans. Situées sur des campus universitaires, à la périphérie ou en plein centre ville, ces écoles sont de taille plus modeste que les universités. Leur ambiance, souvent plus familiale, convient bien à des élèves qui ont besoin de se sentir encadrés.

Les **écoles de langues** qui organisent des stages en principe toute l'année prévoient le plus souvent un hébergement en famille d'accueil. Toutefois, certaines écoles proposent aussi une résidence collective en collège. À noter qu'une école telle que Don Quijote, en Espagne, dispose de centres dans différentes villes (Barcelone, Grenade, Salamanque, Malaga) et établit des programmes qui permettent à l'étudiant de séjourner successivement dans plusieurs de ces villes.

ÉCOLES DE LANGUES
Les prix peuvent être un frein : ainsi, un stage de deux semaines aux États-Unis varie de 1 370 € à 1 830 €, voyage non compris.

Les cours des organismes de séjours linguistiques

Certains organismes de séjours linguistiques français montent leurs propres sessions à l'étranger. Les cours se déroulent dans des locaux loués par leurs soins : salles situées dans des écoles primaires ou secondaires, des centres culturels, etc. Ces sessions ne sont proposées que durant les vacances scolaires (Toussaint, Noël, février, Pâques ou été). Elles s'adressent généralement à tous les élèves du secondaire, mais certains programmes (prépa bac et stages prépas) sont conçus pour un public bien ciblé.

À la différence des cours en école de langues ou en université qui s'adressent à un public international, vos camarades de classe seront ici, et comme vous, des Français. À noter enfin que ce type de séjour prévoit le plus souvent un hébergement en famille, parfois en collège.

L'HÉBERGEMENT

Le choix de votre établissement conditionne en partie le mode d'hébergement. L'accueil en famille est, de loin, le plus fréquent quand on fait appel à une école de langues ou à un organisme français de séjours linguistiques. C'est plus rare en revanche quand on étudie en université. Les campus, parfois situés loin des centres-villes, possèdent leurs propres résidences.

ÊTRE HÉBERGÉ DANS UNE FAMILLE

L'hébergement en famille donne une couleur locale au séjour. C'est la meilleure façon de découvrir au quotidien le mode de vie d'un pays. Certes, quand on est en cours dans la journée, on ne rencontre ses hôtes que le soir et le week-end. Mais, même si vous passez le plus clair de votre temps à étudier, vous pourrez tout de même profiter de ces quelques moments pour exercer votre pratique de la langue ou, comme Benoît, pour « interviewer » vos hôtes : « J'avais la chance d'être hébergé chez des gens cultivés et je ne me suis pas privé de parler d'histoire et de politique avec eux. Pour mon concours, ça ne pouvait pas me faire de mal », raconte ce candidat à Sciences po.

Une formule économique

L'hébergement en famille d'accueil est très répandu, étant le plus économique, mais il réserve parfois des **surprises**. Certaines familles se contentent d'assurer le gîte et le couvert. « Mes hôtes ressemblaient plus à des hôteliers qu'à une famille d'accueil, raconte Yann, qui a séjourné en Angleterre. Nous étions six étrangers à loger dans la maison, ils nous ont remis les clés et les contacts se sont arrêtés là. »

SURPRISES
Soyez vigilant : nul n'est sûr de sympathiser avec ses hôtes et toutes les familles ne sont pas aussi accueillantes que le disent les brochures publicitaires.

VIVRE CHEZ SON PROF

Résider dans une famille dont un des membres est professeur : c'est le principe du *« One to one »,* littéralement « un pour un ». La formule relativement récente s'est développée ces dernières années. Il est vrai qu'elle est attrayante, par sa souplesse tout d'abord. Certes, un nombre d'heures de cours est prévu au départ (dix, quinze ou vingt heures par semaine), mais ensuite prof et élève aménagent leur emploi du temps à leur guise : aujourd'hui, on étudie plus longtemps parce qu'il pleut, mais demain on finira plus tôt pour se rendre à un match de hockey.

Comme tout cours particulier, cette formule s'adapte aux besoins de l'élève et met l'accent, au choix, sur la grammaire, les exercices de prononciation ou l'acquisition de vocabulaire. Après les heures de classe sont prévues différentes activités : visites, promenades, courses, expositions. À tout moment, le prof peut corriger son élève. En outre, la vie de famille permet aussi une véritable immersion en milieu étranger.

Un type de séjour adapté à tous les âges. Il permet surtout de se perfectionner dans la pratique de la langue. Il ne faut pas s'attendre, en revanche, à suivre des cours axés sur un examen précis. Par ailleurs, et plus que jamais, tout repose sur la bonne entente du prof et de l'élève. Enfin, c'est aussi une réserve que l'on peut émettre, il est très difficile de vérifier si le prof chez qui l'on réside est bien un enseignant diplômé ou un prof d'occasion. Dernière précision pour éviter toute confusion, le *« One to one »* désigne, selon les organismes, le séjour chez son prof comme nous venons de le décrire ou, dans certains cas, le cours particulier en école de langues, une formule évidemment tout à fait différente.

La règle : un seul Français par famille

Selon les normes professionnelles, les familles d'accueil ne doivent recevoir qu'un seul francophone à la fois, règle qui est loin d'être respectée partout. Certaines familles aux budgets serrés cherchent à accueillir le maximum de jeunes en même temps ou rognent sur toutes les dépenses, offrant ainsi des conditions d'hébergement rudimentaires. Leur objectif n'est pas tant de jouer leur rôle d'hôte que d'empocher l'indemnité prévue pour l'accueil d'un étranger, soit 106 € à 152 € par semaine en Grande-Bretagne. C'est dans ce pays que l'accueil laisse le plus souvent à désirer, même si d'autres pays tels que l'Allemagne ne sont plus à l'abri aujourd'hui de ce type de problèmes.

Cela dit, il ne faut pas non plus généraliser et il existe en Grande-Bretagne, y compris sur la côte sud, pourtant très demandée, des familles de qualité. Tout dépend de la rigueur avec laquelle l'école de langues ou l'organisme de séjours linguistiques fait sa sélection. D'un autre côté, il n'y a pas de **portrait-robot** de la famille d'accueil. Les écoles ou les organismes ne s'engagent pas quant à un type de profession ou de milieu social, comme ils ne s'engagent pas (ou c'est rare) à fournir obligatoirement une chambre individuelle. Le jeune peut ainsi partager la chambre d'un enfant de la famille ou cohabiter avec un autre étranger. Enfin, sachez que vous n'habiterez pas forcément à deux pas des cours. Les familles résident souvent en banlieue, ce qui implique des trajets en bus ou en métro.

> **PORTRAIT-ROBOT**
> **Il n'en existe aucun. Vous pourrez être hébergé par un couple avec enfants, une famille monoparentale ou des retraités, résider chez un médecin, un agent immobilier ou encore un technicien.**

RÉSIDER DANS UN *COLLEGE*

Lors de votre dernier séjour, vous avez été déçu par votre famille d'accueil ou, habitué à ce type d'hébergement, vous avez tout simplement envie d'expérimenter une autre formule ? Voilà deux bonnes raisons de choisir la résidence en collège. Cette formule est, selon les organismes de séjours linguistiques, plus demandée aujourd'hui en dépit de son coût parfois plus élevé : il faut compter chez certains organisateurs – c'est un exemple – un montant supplémentaire de l'ordre de 75 € par semaine.

Des équipements sportifs et des bibliothèques

Le *College* en Grande-Bretagne a de quoi dépayser l'étudiant ou le lycéen habitué à des blocs de béton. Il s'agit souvent d'une magnifique demeure sise dans des espaces verdoyants. Après les cours, vous pourrez bénéficier d'équipements sportifs, vous promener dans le parc, vous rendre à la bibliothèque. Quand on se trouve à quelques semaines d'un examen ou d'un concours, de tels moments de détente sont précieux.

Selon les cas, vous résiderez sur le lieu même de vos cours ou à proximité. Cette formule implique bien sûr le goût de la vie en communauté. L'hébergement se fait très souvent en chambre double ou triple. Avec votre *roommate* étranger comme vous, vous parlerez la langue du pays. Un bémol tout de même : certains *Colleges* anglais, parfois vétustes, ne sont pas toujours d'une extrême propreté. De plus, la nourriture cumule, surtout pour nous Français, un double handicap : non seulement elle est anglaise, mais aussi de collectivité. Cela dit, on peut parfois utiliser des kitchenettes pour faire sa « tambouille ».

RÉSIDER SUR UN CAMPUS

Établir une différence entre résidence en collège et en cité universitaire est un peu arbitraire, car le principe est identique : dans les deux cas, il s'agit d'une vie en collectivité. À l'université, vous partagerez une chambre, un studio ou un petit appartement avec deux, trois ou quatre étudiants. L'environnement est parfois loin d'être déshérité. « C'était un campus en pleine nature où j'ai pu faire du ski de fond, raconte Sylvie, qui a séjourné sur le campus de Battleboro dans le Vermont, aux États-Unis. On habitait dans des bungalows d'une douzaine de chambres et cette petite communauté était gérée par un étudiant américain. »

Pendant l'été, vous rencontrerez sur les campus surtout des étrangers venus comme vous y faire un stage. Pendant l'année scolaire en revanche, vous pourrez côtoyer des étudiants du pays, participer à leurs activités sportives, culturelles et sociales. Une excellente façon de mettre le pied à l'étrier pour l'étudiant de licence ou de maîtrise, qui envisage, une fois son stage de langue terminé, de suivre un troisième cycle à l'université.

LES DIFFÉRENTES FORMULES DE STAGES

Un public de plus en plus exigeant d'un côté. Une concurrence très vive de l'autre. Pour faire face à la demande, écoles de langues, universités et organismes de séjours linguistiques proposent des **sessions ciblées** qui tentent de répondre à divers besoins. Aujourd'hui, on peut même partir à l'étranger et coupler cours de langues et stage en entreprise, cours de langues et certificat professionnel en marketing ou gestion... Dans ce chapitre, nous vous présentons les différents types de stages, à commencer par le stage de langues classique, plus ou moins intensif. Il s'adresse à tous publics : au débutant, au faux débutant, à l'élève d'un niveau intermédiaire ou avancé. Le passage d'un test à l'entrée et la constitution de groupes de niveaux permettent de suivre des cours correspondant à ses besoins.

SESSIONS CIBLÉES

Elles peuvent s'adresser au lycéen à quelques mois du bac, au candidat à Sciences po, HEC ou Centrale, à l'étudiant qui doit passer le TOEFL pour poursuivre ses études aux USA, au juriste qui veut travailler à l'international...

LE STAGE CLASSIQUE

Les écoles de langues et les universités qui organisent des cours toute l'année font débuter leurs stages chaque début de semaine ou de quinzaine, ce qui offre la possibilité de partir à tout moment. Si votre emploi du temps est très serré, vous pourrez ne partir qu'une semaine seulement. Cela dit, mieux vaut tabler sur deux ou trois semaines pour tirer un réel bénéfice du stage, la première semaine étant une mise en route. Si nécessaire, vous pourrez ensuite enchaîner sur des cours d'un niveau plus élevé, certains programmes (quand on veut préparer un examen étranger par exemple) pouvant s'étendre sur un trimestre.

Cours de langues et cours de civilisation

Chaque organisme, quel que soit le pays, donne à choisir entre plusieurs rythmes : en général entre quatre, cinq ou six cours par jour par exemple (chaque cours dure entre quarante-cinq et cinquante minutes) où l'on fait, ne l'oubliez pas, de l'anglais et uniquement de l'anglais, de l'allemand et uniquement de l'allemand, de l'espagnol et uniquement de l'espagnol. La langue est ainsi étudiée sous toutes ses coutures, chaque session comprenant, *grosso modo*, le programme suivant : compréhension écrite et orale, conversation, rédaction, vocabulaire, lecture, grammaire, phonétique.

Outre les cours de langues proprement dits, ces stages incluent par ailleurs des cours de civilisation : étude de l'histoire du pays, de sa littérature, de ses traditions. Enfin, et c'est une autre différence majeure avec un cours de langue en France, vous seront proposées des visites de la ville et de la région et une excursion par semaine en général.

Voilà pour le stage standard. À partir de là, il existe des tas de variations possibles. Selon les cas, elles se présentent sous forme d'options qui viennent en complément du programme standard ou constituent des sessions spécifiques à temps plein. Chacune s'adresse à un public dont les objectifs sont très précis.

SE PRÉPARER À UN EXAMEN ÉTRANGER

Si vous voulez entreprendre des études dans une université américaine, il vous faudra passer le TOEFL *(Test of English as a Foreign Language*), test que nous vous avons présenté dans la première partie. Or, ce test fait appel à des connaissances linguistiques générales et à des techniques spécifiques. C'est la raison pour laquelle de nombreux stages de langues proposent, en plus de leur cours standard, une option de préparation au

TOEFL. Sur un stage de quinze ou vingt heures de cours par semaine, par exemple, vous pouvez avoir la moitié du temps consacré à la **préparation du TOEFL**. La durée de la préparation, quant à elle, est fonction du niveau de départ; un stage peut ainsi durer quatre, huit ou douze semaines. Les stages de préparation au TOEFL et au TOEIC *(Test of English for International Communication*, voir aussi la première partie de ce guide) sont surtout répandus au Canada et aux États-Unis. En Grande-Bretagne, on vous proposera plus souvent de préparer les certificats de l'université de Cambridge. En Allemagne, vous pourrez présenter les diplômes du Goethe Institut et en Espagne le DELE *(diploma de español como lengua extranjera)*, seul certificat d'espagnol pour étrangers reconnu par le ministère de l'Éducation espagnol.

PRÉPARATION DU TOEFL

À noter que ce test se passe aujourd'hui sur ordinateur. Lors du choix de votre cours, veillez bien à ce que la préparation introduise cette dimension.

LES COURS DE LANGUES SPÉCIALISÉS

Se spécialiser en anglais juridique, en espagnol commercial, en allemand des affaires, c'est possible… Des cours de langues spécialisés permettent ainsi de pratiquer une langue en référence à une profession ou à un secteur d'activité donné.

L'université de Tulane à la Nouvelle-Orléans, par exemple, organise régulièrement des sessions de trois semaines (vingt heures de cours hebdomadaires) en anglais juridique. Les enseignements, assurés par des profs d'anglais mais aussi de droit, comprennent, outre des cours de compréhension écrite et orale, de rédaction et de conversation, l'étude du vocabulaire juridique, une introduction au droit américain (avec étude et analyse de cas), une introduction au droit international, des conférences relatives aux principes fondamentaux du droit des affaires, du droit civil ou criminel, une visite du palais de justice. Bien sûr, pour suivre un tel programme, un certain niveau est

ANGLAIS, ARTS ET LITTÉRATURE

Apprendre l'anglais à travers le cinéma, le théâtre ou les beaux-arts : voilà des formules originales et qui peuvent apporter, par leur contenu culturel, un plus lors d'un examen. Exemples.

Terre des langues, un organisme de séjours linguistiques, a mis en place différents stages de langues à thème, destinés aux élèves du secondaire. Citons par exemple *« Shakespeare and the Midlands Writers »* un stage d'une vingtaine de jours qui se déroule à Stratford upon Avon, la ville où naquit Shakespeare. Ce stage a été conçu pour des élèves en classe de seconde ou de première et intéressés par des études littéraires. De même, le séjour *« Historic Virginia »* programmé par Terre des langues pendant trois ou quatre semaines en Virginie aux États-Unis (également pour des élèves de seconde et première) permet de se perfectionner en anglais tout en étudiant les différents événements qui ont marqué et construit l'histoire américaine.

L'ILSC (International Language School of Canada), une école de langues située à Vancouver, organise de son côté pour des étudiants (de niveau intermédiaire ou avancé) des stages tels que *« Acting and Film »,* où l'apprentissage de l'anglais se fait à travers l'analyse de films et le langage cinématographique, ou encore *« Acting and Theatre »,* où sont prévus des exercices d'improvisation, l'écriture d'une pièce ainsi que sa mise en scène. Cette dernière formule permet en particulier de progresser de façon spectaculaire à l'oral, car le théâtre constitue un excellent exercice pour mémoriser des structures de phrases entières, pour articuler et prononcer avec le bon accent.

requis (en l'occurrence un score de 450 au moins au TOEFL). Nombre d'universités, mais aussi d'écoles de langues, organisent des sessions du même type, dont la durée peut être variable. Don Quijote, en Espagne, propose ainsi des cours spécialisés en commerce ou en tourisme. Le stage axé sur le commerce, par exemple, qui se déroule à Barcelone, comporte les matières suivantes : langage des affaires, commerce international, structure de l'économie espagnole, gestion financière, l'Espagne et l'Union européenne. Il prévoit par ailleurs des visites d'entreprises. Ce programme, qui dure trois mois, va bien au-delà d'un simple stage de langues et il constitue un bon tremplin pour travailler de l'autre côté des Pyrénées. Le stage d'espagnol commercial coûte 550 €, celui d'espagnol spécialisé en tourisme 490 € (hébergement et voyage non compris).

LES STAGES DE PRÉPARATION AU BAC

Vous pouvez bien sûr préparer le baccalauréat en suivant un stage de langues standard (voir ci-dessus). Et avec de bonnes chances de succès, car il n'y a pas trente-six mille façons d'apprendre une langue. Cependant, ce diplôme français a ses propres exigences. Pour y répondre, certains organismes ont mis en place des stages spécifiquement axés sur les épreuves de langues (écrites et orales) du bac. Il s'agit soit d'écoles de langues étrangères ayant une représentation en France, comme L'OISE (Oxford Intensive School of English), soit d'organismes de séjours linguistiques français ayant monté leurs propres sessions à l'étranger comme SILC (Séjours internationaux linguistiques et culturels). Ces établissements connaissent bien les exigences de notre système d'enseignement.

Entre Français

Les stages, qui prévoient en général un hébergement en famille, n'accueillent que des jeunes Français, qu'ils soient en fin de première ou en cours de terminale. Entre camarades de classe, vous serez évidemment tentés de parler notre langue. C'est la principale limite de ce type de session. Les enseignants, quant à eux, sont soit des profs du pays, soit des équipes binationales, composées d'un prof du pays et d'un prof français, ce dernier permettant d'insister sur les exigences du bac.

Les prépas bac se déroulent en été ou durant les vacances de la Toussaint, de Noël, de février ou de Pâques, les principales destinations étant la Grande-Bretagne, l'Allemagne et l'Espagne. Le programme se calque ici sur les épreuves écrites et orales du bac. On peut d'ailleurs demander à l'élève d'apporter les textes anglais, allemands ou espagnols étudiés au lycée. Sont aussi prévus des devoirs sur table à partir d'annales et des bacs blancs. En été, le stage peut durer jusqu'à trois semaines. Durant les petites vacances, il s'étale sur dix à quinze jours, à raison de quatre, cinq ou six heures de cours par jour.

Le rythme, variable selon les organismes, laisse éventuellement l'après-midi libre pour des visites et excursions. L'élève peut aussi consacrer son temps libre à des révisions et du travail personnel. (Comptez 945 € à 1 220 € pour un stage de deux semaines en Grande-Bretagne.)

LES PRÉPARATIONS AUX CONCOURS DES GRANDES ÉCOLES

Comme les stages de préparation au bac, les stages prépas sont assurés par des écoles de langues étrangères qui ont une représentation en France et par des organismes français de séjours linguistiques qui montent leurs propres sessions à l'étranger. En général, ceux qui organisent des prépas bac programment aussi des prépas concours.

Ces sessions s'adressent aux élèves des prépas économiques et commerciales et des prépas scientifiques (les plus nombreux à suivre ces sessions), mais aussi aux élèves des prépas littéraires (hypokhâgne) et aux candidats à l'entrée dans un IEP (institut d'études politiques).

Superintensif pour élève supermotivé

Très ciblé et très intensif, le séjour prépa conserve un esprit scolaire, même si les classes comprennent, comme dans tout stage linguistique, des **effectifs** plus réduits qu'au lycée. Et, à la différence du lycée, *exit* les maths, l'histoire ou l'économie, vous allez étudier l'anglais et uniquement l'anglais ! Ou bien vous concentrer sur l'allemand et exclusivement sur l'allemand.

> **EFFECTIFS**
> **Vous serez entre 8 et 15 élèves par cours en moyenne. De quoi privilégier les échanges...**

Les programmes portent sur l'écrit et l'oral et proposent comme enseignements : thèmes, versions, contractions de texte, QCM (questionnaires à choix multiple), commentaires oraux, débats, auxquels s'ajoutent interrogations et devoirs sur table portant sur des sujets réels d'épreuves. Chaque jour sont aussi prévus des devoirs à faire à la maison. Un organisme comme SILC adresse même à l'étudiant dix jours avant son départ une enveloppe comprenant un dossier de 200 outils linguistiques, un précis grammatical et six dossiers sur les sujets au programme.

Les stages prépas de deux ou trois semaines peuvent contenir jusqu'à six ou sept cours par jour. Avec le travail personnel, certains élèves étudient jusqu'à cinquante heures par semaine.

Avant ou en cours de prépa

Il existe plusieurs niveaux de stages. Les « pré-prépas » s'adressent aux futurs préparationnaires. Il s'agit de familiariser les élèves avec le niveau d'exigence, le rythme, le type d'exercices qui leur seront demandés en prépa. Ces stages ont lieu l'été avant la rentrée, et les élèves sont regroupés quelles que soient les études envisagées : commerciales, scientifiques ou littéraires.

Les stages prépas proprement dits accueillent les élèves déjà engagés dans ce cursus. Ils ont lieu l'été ou durant les vacances de février ou de Pâques. Selon les organismes et les effectifs, les élèves peuvent être répartis par groupes différenciés (prépas scientifiques d'un côté, prépas commerciales de l'autre) ou pas.

Comme dans les prépas bac, l'équipe enseignante est composée soit exclusivement de personnes natives du pays, soit de profs de langues exerçant en France (le plus souvent en prépa) et de profs natifs du pays. Les profs français enseignent la grammaire et veillent à ce que les sessions répondent bien aux exigences des concours, tandis que les profs autochtones se chargent de la compréhension et du vocabulaire.

COURS DE LANGUES ET STAGES EN ENTREPRISE

Vous avez plus de 18 ans, une ou deux années d'études supérieures à votre actif et vous êtes déjà d'un niveau avancé en langues ? Une session linguistique suivie d'un stage dans une entreprise étrangère est une autre façon de mettre quelques atouts de votre côté. En effet, outre le niveau en langues, les jurys des écoles de commerce, par exemple, sont attentifs à l'intérêt que l'étudiant porte à l'entreprise ; cette expérience peut donc aussi séduire un recruteur.

Une initiation exotique au monde de l'entreprise

La session pilotée par une école de langues ou une université étrangère commence par des cours qui permettent de se perfectionner, de s'initier à la langue des affaires (vocabulaire commercial, techniques de négociation…) et de préparer son entrée dans l'entreprise (recherche du stage, traduction du CV, préparation de la lettre de motivation dans la langue du pays). Un conseiller est là en principe pour vous assister dans vos démarches. Ensuite, durant le stage (non rémunéré), vous mettrez en pratique les connaissances acquises durant les cours et vous vous familiariserez avec le monde du travail du pays visité : la Grande-Bretagne, l'Allemagne, l'Espagne, les États-Unis, le Canada ou l'Australie. La durée des cours est identique à la durée passée en entreprise, soit au total de huit à vingt-quatre semaines pour des tarifs se situant (cours, hébergement, frais pour le stage, mais voyage non compris) de 2 000 € à 4000 €, voire 4600 €.

COURS EN *HIGH SCHOOL* OU À L'UNIVERSITÉ

On peut apprendre une langue en suivant des cours de langues. Évidence ! On peut aussi se perfectionner en langues en suivant des cours d'histoire, de maths, de biologie dans la langue du pays, comme un lycéen ou un étudiant de la ville où l'on se trouve. L'immersion est ici totale. Destinée à des candidats de niveau intermédiaire ou avancé, cette formule est assurée par différents types d'établissements, tant en Allemagne qu'en Espagne, Grande-Bretagne, Irlande, États-Unis ou Australie.

Les *High Schools*

Les ***High Schools*** correspondent, dans les pays anglophones, aux quatre dernières années d'études secondaires qui débouchent sur le *Graduation*. Le programme des cours comprend un très large éventail de matières (jusqu'à 50 dans certains établissements). Les unes, comme l'histoire, la littérature, sont obligatoires, d'autres, comme l'informatique, le théâtre, optionnelles. Un élève peut partir dans une *High School* entre 15 et 18 ans (17 ans pour l'Australie) pendant un trimestre, un semestre ou un an. Dans la pratique, la plupart des élèves, pour ne pas couper leur année scolaire, optent pour des séjours d'un an, l'hébergement se déroulant en famille.

> ***HIGH SCHOOLS***
> **En Allemagne, on appelle ces écoles *Gymnasium*.**

Les *Community Colleges*

Étalée sur deux ans, la formation qui est dispensée dans les *Community Colleges* constitue une bonne transition entre le lycée et les études longues à l'université. La plupart des jeunes Américains qui sortent de la *High School* démarrent ainsi leurs études supérieures en *Community College*.

Le programme, variable d'un établissement à l'autre, inclut des matières générales (comme la philosophie, les maths) et des matières plus artistiques, techniques ou professionnelles (comme le marketing, le design, l'ingénierie). La formation conduit ici au *Certificate* et à l'*Associate Degree*. Un jeune Français qui veut réfléchir à son orientation en confortant son niveau en langues, tout comme celui qui envisage une poursuite d'études à l'étranger, peut trouver, en *Community College*, l'occasion de s'y préparer. Vous pourrez y accéder si vous avez 18 ou 20 ans, un niveau bac ou bac+1 et déjà une certaine maîtrise de la langue (sinon vous devrez préalablement vous mettre à niveau).

Les universités

On peut s'inscrire dans une université étrangère dans le cadre d'un stage de langues, comme nous l'avons vu, ou pour suivre des cours d'enseignement général ou professionnel comme un étudiant américain, allemand ou espagnol. Dans ce cas, un bon niveau en langues est requis (il faut un score minimum de 152 à 260 points sur 300 au TOEFL pour s'inscrire dans une université américaine par exemple).

L'université de Californie à Los Angeles ou l'université de Berkeley, par exemple, organisent des ***summer sessions*** de six, huit ou dix semaines qui sont ouvertes aux bacheliers, aux étudiants ou personnes en activité. Ces *summer sessions* permettent d'avoir accès à tous les

> **SUMMER SESSIONS**
> **Il s'agit des sessions, qui se déroulent durant l'été. Elles sont assez nombreuses.**

cours organisés par l'université durant cette période. Le stagiaire choisit un ou deux enseignements, chaque enseignement représentant quatre à sept heures de présence (plus autant de travail personnel). Les matières suivies avec succès sont validées par un *credit*, équivalent des unités d'enseignement en vigueur dans les universités françaises. Par ailleurs, un certificat de participation est également délivré par l'université en fin de programme.

CHOISIR SON ORGANISME

Un stage de qualité pour le meilleur prix permettant le maximum de progrès, tel est le vœu de tout un chacun. Mais sans aucun contact à l'étranger, il n'est pas aisé de trouver un stage. Vous pouvez, première solution, commencer par consulter votre professeur de langues de lycée ou de fac. Si vous êtes étudiant dans une université ou dans une grande école, vous pouvez aussi contacter le service des relations internationales de votre établissement. Les ambassades des différents pays disposent par ailleurs chacune d'un service culturel et/ou de formation susceptible de vous aider à trouver un cours de langues à l'étranger. Enfin vous pouvez vous adresser à un organisme de séjours linguistiques.

LES ORGANISMES DE SÉJOURS LINGUISTIQUES

Il existe environ 150 organismes de ce type. Certains d'entre eux travaillent avec des écoles de langues et des universités étrangères et/ou mettent en place des programmes spécifiques pour un public de jeunes Français : préparations au baccalauréat et aux concours d'entrée dans les grandes écoles notamment (se reporter au chapitre précédent). S'adresser à un organisme de séjours linguistiques demeure donc la procédure la plus simple. L'organisme est là pour vous conseiller et vous présenter, dans son catalogue, le programme susceptible de répondre le mieux à vos besoins. Une fois votre choix fait, il s'occupera de votre inscription et sera responsable du bon déroulement de votre séjour.

Collégien, vous avez déjà effectué un séjour linguistique ? Si vous avez été satisfait de votre prestataire de services, le plus

À SAVOIR

Quel statut pour les organismes de séjours linguistiques ?

Les organismes susceptibles de vous vendre un stage de langues à l'étranger peuvent avoir trois statuts différents, à savoir :

Des sociétés commerciales. Dans ce cas, ils doivent justifier d'une licence d'agent de voyages ;

Des associations loi 1901. Ils doivent alors disposer d'un agrément du ministère du Tourisme (délivré par les préfectures) ;

Des écoles de langues qui ont une représentation en France. ils doivent justifier d'un numéro d'existence en tant qu'établissement de formation.

Le numéro d'établissement de formation, celui de la licence ou de l'agrément doivent toujours figurer sur la documentation de l'organisme. Vérifiez-le systématiquement, car il arrive que certains organismes de séjours linguistiques exercent en dehors des normes juridiques normalement prévues.

Or, cet agrément, cette licence ou ce statut d'école de langues apporte une véritable garantie au consommateur. Une garantie d'aptitude professionnelle tout d'abord. Des garanties financières ensuite : cautions bancaires, contrat d'assurance de responsabilité professionnelle, etc., qui joueront en cas de problèmes graves (rapatriement forcé par exemple). En revanche, il n'y a pas de différences de prix ou de qualité entre les diverses catégories. Dans chacune, il y a du haut de gamme et du bas de gamme.

simple est de le recontacter. De nombreux organismes qui organisent des programmes jeunes proposent aussi des programmes pour lycéens, étudiants, voire pour salariés d'entreprises. Sinon, vous allez devoir partir à la pêche aux informations. Ce qui est loin d'être évident.

Les organismes de séjours linguistiques, tout comme les écoles de langues installées en France, ne font en effet l'objet d'aucun contrôle des pouvoirs publics. Les prestations offertes sont donc de qualité très variable. Depuis plusieurs années toutefois, la profession s'organise pour tenter d'établir des normes de qualité (voir plus loin). Car le consommateur, mieux informé, est aujourd'hui plus exigeant. En outre, la crise économique, qui s'est traduite dans les familles par des budgets plus serrés, a obligé les organisateurs à être plus attentifs à la qualité de leurs prestations. Pour promouvoir de meilleurs produits, mais aussi pour défendre leur profession, ils se sont organisés en associations.

Les fédérations d'organismes de séjours linguistiques

Il existe aujourd'hui cinq associations professionnelles (voir les adresses page 161) qui sont, par ordre alphabétique : la FFOSC (Fédération française des organisations de séjours culturels linguistiques), les SELIA (Séjours linguistiques associés), l'UNAT (Union nationale des associations de tourisme), l'UNOSEL (Union nationale des organisations de séjours linguistiques) et l'UNSE (Union nationale des organisations de séjours longue durée à l'étranger).

Ces différentes associations ont élaboré des chartes de qualité, qui concernent la pédagogie, l'hébergement, l'encadrement (voir l'encadré page 160). Un organisme qui adhère à une association s'engage donc à respecter les normes qui ont été définies, ce qui vous donne à priori certaines garanties. Peu à peu d'ailleurs, ces règles font force de loi pour l'ensemble de la profession. Ceci dit, on peut émettre des réserves pour plusieurs raisons. La première est que ces associations, par le nombre de

À SAVOIR

La profession se fixe des règles

Voici les principales règles sur lesquelles s'accordent peu à peu les organismes de séjours linguistiques.

Des cours par groupes de niveau : passage d'un test à l'entrée, constitution de groupes de niveau, pas plus de 15 élèves par groupe. À noter que le test dans les écoles de langues doit être, selon l'Office national de garantie, à la fois écrit et oral, trois groupes de niveau au minimum devant par ailleurs être prévus.

Des enseignants qualifiés. Selon l'UNOSEL, les cours doivent être assurés par des enseignants diplômés pour l'enseignement de leur langue maternelle en tant que langue étrangère ou des enseignants français ayant les diplômes requis pour enseigner la langue étudiée. Pour l'Office national de garantie, les cours en école de langues doivent être assurés par des professeurs enseignant leur langue maternelle et titulaires d'un diplôme équivalant au minimum à la licence ou justifiant de cinq ans d'expérience dans l'enseignement de la langue considérée.

Un seul francophone par famille d'accueil. La norme prévue par les associations professionnelles est stricte ; c'est en effet une condition essentielle pour pratiquer le plus possible la langue du pays. Certains professionnels estiment aussi qu'une famille d'accueil ne devrait pas héberger plus de deux jeunes étrangers (de langue maternelle différente) en même temps.

Une brochure contractuelle. Ce qui est annoncé dans la documentation fournie par les organisateurs doit être effectif. Pour être informative et permettre au participant de se déterminer, cette brochure doit aussi être suffisamment détaillée et précise.

leurs adhérents, sont assez peu représentatives de la profession qui compte, rappelons-le, quelque 150 organismes. L'association la plus importante, l'UNOSEL, ne fédère qu'une trentaine de membres, l'UNSE regroupe sept organismes.

La deuxième raison est que les règles édictées par ces associations sont plus ou moins précises. De plus, ces dernières n'ont pas toujours les moyens de contrôle nécessaires pour les faire respecter. Enfin, un organisme peut fort bien proposer des services de qualité sans pour autant adhérer à une association.

Conscientes de leurs limites, ces associations cherchent aujourd'hui à aller plus loin. Ainsi l'UNAT fait désormais partie de l'Office national de garantie des séjours et stages linguistiques. De même, la FFOSC, l'UNOSEL et SELIA se sont engagés dans une démarche visant à la création d'une norme NF (voir page 164).

• FFOSC, 62, rue Ampère, 75017 Paris, tél. 01.40.54.86.99.
• SELIA, 7, rue de l'Éperon, 75006 Paris, tél. 01.44.32.16.80.
• UNAT, 8, rue César-Franck, 75015 Paris, tél. 01.47.83.21.73, e-mail : infos@unat.asso.fr, Internet : www.unat.asso.fr
• UNOSEL, 15-19, rue des Mathurins, 75009 Paris, tél. 01.49.24.03.61, Minitel : 36.15 code UNOSEL
• UNSE, 46, rue du Commandant-Jean-Duhail, 94120 Fontenay-sous-Bois, tél. 01.48.76.65.12, e-mail : infos@unse.org, Internet : www.unse.org

L'Office national de garantie

L'Office national de garantie des séjours et stages linguistiques a, créé en 1997, regroupe aujourd'hui une trentaine d'organismes, ainsi que des représentants des consommateurs (et notamment les associations de parents d'élèves) et des représentants des milieux de l'éducation, de la jeunesse et du tourisme. C'est une différence de taille avec les fédérations traditionnelles qui ne comptent, quant à elles, aucune personnalité

ZOOM

Le label British Council

En Grande-Bretagne – c'est propre à ce pays –, certaines écoles de langues pour étrangers sont reconnues par un organe qui dépend du gouvernement : le British Council. C'est une référence qui apporte certaines garanties. Lorsque le British Council reconnaît une école, il lui délivre un agrément après une inspection favorable (renouvelée tous les trois ans) qui prend en compte la gestion financière et l'encadrement de l'établissement, l'état et la sécurité des locaux, l'organisation des cours, les diplômes et le savoir-faire des enseignants, les ressources pédagogiques (laboratoires de langues, vidéo…), l'hébergement (y compris l'hébergement en famille d'accueil). Vous pouvez demander auprès du British Council, à Paris, la liste des écoles reconnues qui ont un représentant en France.

• British Council, 9-11, rue de Constantine, 75007 Paris, tél. 01.49.55.73.00, Internet : www.britcoun.org/france

extérieure susceptible de défendre les intérêts des usagers. Voilà qui devrait donc vous donner plus de garantie.

L'objectif de cet Office, dont fait partie l'UNAT (Union nationale des associations de tourisme), est de promouvoir et de contrôler une démarche de qualité. À cet effet, il a conclu en 1998 un contrat pour l'amélioration de la qualité sous l'égide de la DGCCRF (Direction générale de la concurrence, de la consommation et de la répression des fraudes). Ce contrat concerne les séjours linguistiques et les stages dans les écoles de langues, et s'étendra bientôt aux stages en entreprise et aux jobs à l'étranger.

Les organismes qui y souscrivent peuvent apposer sur leur brochure un logo de reconnaissance « Approuvé ». Par ailleurs,

ZOOM

Le CIEE pour étudier sur un campus

Le CIEE (Council on International Educational Exchange) n'est pas l'unique organisme à proposer des stages linguistiques dans des universités étrangères, mais il est le seul à regrouper 327 universités à travers le monde (surtout aux États-Unis, au Canada, en Grande-Bretagne, en Australie). C'est donc une adresse à retenir.

Le CIEE aide les étudiants dans différentes démarches, notamment dans la recherche de jobs ou de stages en entreprise. Moyennant 390 €, le CIEE vous fournit une liste d'employeurs potentiels, vous aide à organiser votre voyage (visa, logement, assurance...). Outre la mise à disposition de fiches techniques qui présentent tous les cours de langues possibles dans chacune des universités partenaires, le CIEE organise des réunions d'information dans ses locaux à Paris (tous les vendredis à 12 h 30), ainsi que dans différentes villes universitaires françaises, et aide aux formalités de départ. Des agences Council Travel, quant à elles, contribuent à l'organisation du voyage de l'étudiant (billetterie, visa...).

• CIEE, 1, place de l'Odéon, 75006 Paris, tél. 01.44.41.74.99, Internet : www.ciee.org

• Council Travel sur Internet : www.counciltravel.com

l'Office national de garantie dispose d'une commission de médiation destinée à examiner les réclamations des usagers. Enfin, son rôle est d'informer et de conseiller élèves, parents, étudiants quant au choix d'un stage à l'étranger.

• Office national de garantie des séjours et stages linguistiques, 8, rue César-Franck, 75015 Paris, tél. 01.47.83.31.65, Internet : www.loffice.org

Une norme NF

La mise en place d'une norme NF pour les séjours linguistiques, sous l'égide de l'AFNOR (Association française de normalisation), a vu le jour en décembre 1998. Cette norme permet de formaliser des critères de qualité pour les séjours et stages linguistiques et surtout garantit un véritable contrôle des prestations proposées par un organisme tiers.

Des usagers font leur sélection

Le choix de la PEEP (Fédération des parents d'élèves de l'enseignement public) constitue aussi une référence. Cette association a sélectionné, après avoir effectué des visites sur le terrain, un certain nombre d'organismes (six en 2000). Elle informe les élèves et leurs parents sur les séjours retenus et enregistre les inscriptions. Ce service, qui s'adresse uniquement aux membres de la PEEP, est gratuit et donne droit à une réduction de 5 % sur les séjours sélectionnés.

Chaque année, près d'un millier d'élèves partent ainsi dans l'un des centres retenus par la **PEEP**. Ainsi, dans les séjours avec cours, la présence des élèves aux cours est strictement contrôlée ; les enseignants sont forcément originaires du pays, diplômés et formés pour l'enseignement de leur langue en tant que langue étrangère ; les familles d'accueil ne peuvent recevoir au plus que deux jeunes étrangers dont un seul francophone ; l'élève dispose d'une chambre individuelle, etc.

> **PEEP**
> **Depuis 1995, ces prestataires et la PEEP ont défini une charte de qualité qui a renforcé les normes en matière de pédagogie, d'encadrement et d'hébergement.**

• PEEP, 89, boulevard Berthier, 75017 Paris, tél. 01.44.15.18.18, Internet : www.peep.asso.fr

LES CIJ (CENTRES D'INFORMATION JEUNESSE)

Le CIDJ (Centre d'information et de documentation de la jeunesse) à Paris et les CRIJ (centres régionaux d'information jeunesse) mettent à votre disposition une documentation sur les cours de langues et les séjours linguistiques, ainsi que des listes d'adresses d'écoles de langues de leur secteur.

06000 Nice
19, rue Gioffredo,
tél. 04.93.80.93.93,
e-mail : crij.cote.dazur@wanadoo.fr,
Web : www.crij.org/nice

13001 Marseille
96, la Canebière, tél. 04.91.24.33.50,
e-mail : crijpa@wanadoo.fr

14000 Caen
16, rue Neuve-Saint-Jean,
tél. 02.31.27.80.80,
e-mail : crij.bn@wanadoo.fr

20294 Bastia cedex
9, rue César-Campinchi, BP 246,
tél. 04.95.32.12.13,
e-mail : crijcorse@wanadoo.fr,
Web : www.crij-corse.com

21026 Dijon
18, rue Audra, tél. 03.80.44.18.44,
e-mail : CRIJ.Bourgogne@wanadoo.fr,
Web : www.crijbourgogne.fr.st

25000 Besançon
27, rue de la République,
tél. 03.81.21.16.16,
e-mail : crij@top-jeunes.com,
Web : www.top-jeunes.com

31000 Toulouse
17, rue de Metz,
tél. 05.61.21.20.20,
e-mail : crij-tlse@crij.org,
Web : www.crij.org

33000 Bordeaux
5, rue Duffour-Dubergier,
tél. 05.56.56.00.56,
Web : www.info-jeune.com

34094 Montpellier cedex 05
3, av. Charles-Flahault,
tél. 04.67.04.36.66,
e-mail : crij.montpellier@wanadoo.fr,
Web : www.crij-montpellier.com

35043 Rennes cedex
Maison du Champ-de-Mars,
6, cours des Alliés, CS 84304,
tél. 02.99.31.57.67,
e-mail : cijb@cijb.asso.fr

38000 Grenoble
Pôle jeunesse,
16, bd Agutte-Sembat,
tél. 04.76.86.56.00,
e-mail : crijgrenoble@j-net.org,
Web : www.j-net.org

44002 Nantes cedex 1
28, rue du Calvaire, BP 80214,
tél. 02.51.72.94.50,
e-mail : crijpdl@mygale.org
Web : www.mygale.org/02/crijpdl

44612 Saint-Nazaire cedex
25, bd Victor-Hugo BP 407,
tél. 02.40.00.79.60,
e-mail : cij@mairie-saintnazaire.fr

45000 Orléans
3-5, bd de Verdun,
tél. 02.38.78.91.78,
e-mail : crij45@wanadoo.fr,
Web : www.crij-centre.org

51100 Reims
41, rue de Talleyrand,
tél. 03.26.79.84.79,
e-mail : ijca@wanadoo.fr

54000 Nancy
20, quai Claude-le-Lorrain,
tél. 03.83.37.04.46,
e-mail : crij.lorraine@wanadoo.fr,
Web : www.drjs-lorraine.jeunesse-sports.gouv.fr/jeunes/crij00.html

59000 Lille
2, rue Nicolas-Leblanc,
tél. 03.20.12.87.30,
e-mail : doc@crij-npdc.asso.fr,
Web : www.crij-npdc.asso.fr

59652 Villeneuve-d'Ascq
Maison communale de la ferme Dupire,
rue Yves-Decugis, BP 89,
tél. 03.28.80.54.25,
e-mail : cd-omjc@nordnet.fr

63009 Clermont-Ferrand cedex 1
5, rue Saint-Genès, BP 337,
tél. 04.73.92.40.71,
e-mail : espace.info.jeunes@wanadoo.fr,
Web : http://crij.mipnet.fr/auvergne

67000 Strasbourg
7, rue des Écrivains,
tél. 03.88.37.33.33,
e-mail : doc@cija.org,
Web : www.cija.org

69216 Lyon cedex 02
1, rue Gaspard-André, BP 2308,
tél. 04.72.77.04.30,
e-mail : crijlyon@j-net.org,
Web : www.j-net.org.

75740 Paris cedex 15
101, quai Branly, tél. 01.44.49.12.00,
e-mail : cidj@cidj.asso.fr,
Web : www.cidj.asso.fr,
www.information-jeunesse.fr

76000 Rouen
84, rue Beauvoisine,
tél. 02.32.10.49.49,
e-mail : crij.hn@wanadoo.fr.

77000 Melun
36, av. de la Libération,
tél. 01.64.39.60.70,
e-mail : crij77@wanadoo.fr

78000 Versailles
2, place Charost, tél. 01.39.50.22.52,
e-mail : yij@wanadoo.fr.

80000 Amiens
56, rue du Vivier,
tél. 03.22.71.16.20,
e-mail : crijpicardie@hotmail.com,
Web : www.reflexe-crij.com

86004 Poitiers cedex
64, rue Gambetta, BP 176,
tél. 05.49.60.68.68,
e-mail : crijpc-info@wanadoo.fr,
Web : www.crij-poitiers.org

87031 Limoges cedex
Hôtel de région, 27, bd de la Corderie,
tél. 05.55.45.18.70,
e-mail : info@crijlimousin.org,
Web : www.crijlimousin.org

91004 Évry cedex
Hall de la gare d'Évry-Courcouronnes,
BP 102, tél. 01.60.78.27.27,
e-mail : cije@cijessonne.com,
Web : www.cijessonne.com

95027 Cergy-Pontoise cedex
1, place des Arts, BP 315,
tél. 01.34.41.67.67,
e-mail : c.i.j95@wanadoo.fr

97110 Pointe-à-Pitre
Immeuble des fonctionnaires,
2, bd Légitimus, esc. 6,
tél. 0590.90.13.10,
e-mail : Cijgua.pap@wanadoo.fr

97205 Fort-de-France cedex
14, rue André-Aliker, BP 470,
tél. 05.96.63.50.57,
e-mail : cij@cij.mq,
Web : www.cij.mq

97345 Cayenne cedex
122, bd du Général-de-Gaulle, BP 1138,
tél. 0594.29.64.50,
e-mail : cij@wanadoo.fr,
Web : www.cijguyane.com

97400 Saint-Denis
28, rue Jean-Chatel,
tél. 0262.20.98.20,
e-mail : crij-reunion@wanadoo.fr

LES ORGANISMES PRÉPARANT AUX TESTS DE LANGUES

Nous vous présentons ci-dessous quelques organismes préparant aux tests de langues. Nous précisons, pour certains, le coût des préparations lorsque celui-ci nous a été communiqué.

Accents of America
9, rue Casimir-Delavigne,
75006 Paris,
tél. 01.44.07.05.05,
Web : www.accentsofamerica.fr
• Tarifs pour 10 heures : 426,86 €.

CNED
86980 Futuroscope cedex,
tél. 05.49.49.94.94,
Web : www.cned.fr
(cours par correspondance).

Kaplan Education Center
3 bis, rue Alexis Carrel, 75015 Paris,
tél. 01.45.66.55.33,
Web : www.kaplan.com
• Tarifs : 1 173,86 € pour 40 heures de préparation au GRE ; 670,78 € pour 25 heures de préparation au TOEFL et 1 219,59 € pour 40 heures de préparation au GMAT.

Lanco international
53, boulevard de Vaugirard, 75015 Paris,
tél. 01.43.22.36.80
(cours dans leurs locaux à Paris et à distance)
• Tarifs : 182,94 € pour 12 heures de cours préparant au TOEFL ; 259,16 € pour 18 heures et 304,90 € pour 22 heures.

Linguapolis
35, rue Collange, 92300 Levallois-Perret,
tél. 01.42.70.81.88,
Web : www.linguapolis.com
(préparation à distance et par Internet)
• Tarifs : 640,29 € pour le TOEFL par correspondance.

MBA Center
52, rue Saint-Lazare, 75009 Paris,
tél. 01.42.81.25.70,
Web : www.mba-center.com
(préparation intensive et possibilité de cours par correspondance)

Pariglotte
site Champerret, CCI de Paris,
International Executive Center,
6, avenue de la Porte-de-Champerret,
75838 Paris cedex 17, tél. 01.44.09.33.10.
• Tarifs : 304,90 € pour 15 heures de préparation au TOEFL et 243 € pour 12 heures.

Université de Paris-Sorbonne, Paris 4
service de formation continue,
1, rue Victor Cousin, 75005 Paris,
tél. 01.40.46.25.65/66/67.
• Tarifs : 317,86 € pour 20 heures de préparation au TOEFL.

The American Center
Bel-Ormeau, 19, cour des Arts-et-Métiers,
13100 Aix en Provence,
tél. 04.42.38.42.38, Web : www.aup.edu

LES ORGANISMES DE SÉJOURS LINGUISTIQUES

Nous vous présentons ci-dessous une centaine d'organismes de séjours linguistiques classés par ordre alphabétique. Nous précisons pour chacun, après les coordonnées, les destinations possibles et les différentes formules de séjours proposées (chacune étant séparée par une puce). Les organismes membres de l'Office national de garantie des séjours et stages linguistiques sont précédés d'un ■.

■ 1.2.3 Voyages
29, rue des Boulets, 75011 Paris,
tél. 01.43.67.36.00,
Web : www.123voyages.com
Pays • toutes destinations
Séjours • en famille avec cours
• en centres de vacances
• résidence en collège.

■ Accueil familial des jeunes étrangers (AFJE)
23, rue du Cherche-Midi, 75006 Paris,
tél. 01.42.22.50.34,
Web : www.afgi.org
e-mail : infos@unse.org
Pays • Allemagne, Espagne, États-Unis, Irlande, Italie, Royaume-Uni.
Séjours • au pair avec cours
• en famille avec cours.

Accueil international
2A, rue Ducastel,
78100 Saint-Germain-en-Laye,
tél. 01.39.73.04.98,
Web : www.accueil-international.com
Pays • Allemagne, Autriche, Espagne, Finlande, Irlande, Italie, Royaume-Uni.
Séjours • au pair avec cours
• au pair sans cours.

■ Acte challenge
10, square Adanson, 75005 Paris,
tél. 01.42.17.07.16,
Web : www.actechallengo.fr.
Pays • Allemagne, Argentine, Australie, Brésil, Canada, Chili, Équateur, Espagne, États-Unis, Grande-Bretagne, Guatemala, Inde, Irlande, Italie, Japon, Malte, Mexique, Nouvelle-Zélande, Pays-Bas, Pologne, Portugal, Turquie, Uruguay.
Séjours • au pair sans cours • en famille avec cours • en famille sans cours.
Préparations • TOEFL• TOEIC• DELE
• diplôme de Cambridge.

■ Action séjours
145, rue Vaugirard, 75015 Paris,
tél. 01.44.49.37.30,
Web : www.action-sejours.com

Pays • Allemagne, Canada, Espagne, Irlande, Royaume-Uni.
Séjours • avec cours et sport intensif • en famille avec cours • en famille sans cours • résidence en collège.

AFCV Destination Canada (AFCV)
8 avenue Fin-d'Oise, BP 31, 78570 Andrésy, tél. 01.39.74.21.48.
Pays • Canada, Espagne, États-Unis.
Séjours • au pair avec cours • au pair sans cours • avec cours particulier en école de langues • avec cours et sport intensif • en centre de vacances • en famille et cours • en famille et cours en université • en famille et *High School* • en famille sans cours, stage • échanges.
Préparations • TOEFL • TOEIC • diplômes de Cambridge • diplômes des chambres de commerce • baccalauréat.

Albans au Pair Agency
Saint-Martial, 82000 Montauban, tél. 05.63.66.91.95, Web : www.aupairagency.co.uk
Pays • Royaume-Uni.
Séjours • au pair avec cours • au pair sans cours.

Alfa 2000
13 *bis*, rue Auguste-Gervais, 92130 Issy-les-Moulineaux, tél. 01.46.42.62.20, Web : www.alfa2000.asso.fr
Pays • Allemagne, États-Unis, Irlande, Royaume-Uni.
Séjours • en famille et cours • en famille et *High School*.

Alliance culturelle internationale (ACI)
4, av. Félix-Faure, 06000 Nice, tél. 04.93.13.44.13.
Pays • Allemagne, Espagne, Irlande, Italie, Royaume-Uni.
Séjours • au pair avec cours • en famille et cours • en famille et *High School* • en famille sans cours.
Préparations • DELE • diplômes de l'institut Goethe • TOEFL • diplômes de Cambridge • diplômes des chambres de commerce.

Alliance de tourisme international et linguistique (ATIL)
278, rue Hector-Berlioz, 42153 Riorges, tél. 04.77.70.88.88, Web : www.atil.com
Pays • Allemagne, Australie, Autriche, Canada, Espagne, États-Unis, Irlande, Italie, Malte, Royaume-Uni.
Séjours • au pair avec cours • au pair sans cours • cours particulier en école de langues • jobs, résidence en *College* et cours • avec cours et logement chez le professeur • avec cours et sport intensif • avec cours sur campus • en centres de vacances • en famille et cours • en famille et cours en université • en famille et *High School* • en famille sans cours, stage.
Préparations • DELE • diplômes de l'institut Goethe • TOEFL • diplômes de Cambridge.

■ **American Field Service-Vivre sans frontière (AFS-VSF)**
46, rue du Commandant-Jean-Duhail, 94120 Fontenay-sous-Bois, tél. 01.45.14.03.10, Web : www.afs-fr.org e-mail : info-france@afs.org
Pays • Afrique du Sud, Allemagne, Argentine, Australie, Autriche, Barbades, Belgique, Bolivie, Brésil, Canada, Chili, Colombie, Costa Rica, Danemark, Égypte, Équateur, Espagne, États-Unis, Finlande, Guatemala, Honduras, Hong Kong, Hongrie, Indonésie, Irlande, Islande, Italie, Jamaïque, Japon, Lettonie, Malaisie, Mexique, Norvège, Nouvelle-Zélande, Panama, Paraguay, Pays-Bas, Pérou, Pologne, Porto Rico, Portugal, République dominicaine, République tchèque, Royaume-Uni, Russie, Slovaquie, Suède, Suisse, Thaïlande, Turquie, Venezuela.
Séjours • échanges • en famille et *High School*, stage.

APEC (Association pour les échanges France-USA)
12, rue Sainte-Anne, 75001 Paris, tél. 01.40.20.40.08, Web : www.apecvoyages.com
Pays • Canada, États-Unis.
Séjours • avec cours sur campus • en famille et cours en université • en famille sans cours.
Préparations • TOEFL

■ **Apprendre et vivre**
18, rue Sainte-Croix, 66130 Ill-sur-Têt, tél. 0800.01.33.62, Web : www.edilangues.com
Pays • Allemagne, Australie, Espagne, États-Unis, Irlande, Royaume-Uni.
Séjours • échanges • résidence en *College* et cours • avec cours en école de langues • avec cours et sport intensif

• en centres de vacances • en famille et cours • en famille sans cours, stage.
Préparations • grandes écoles (d'ingénieurs, de commerce).

Aquitaine service linguistique (ASL)
Galerie Louis-Gabriel, 199, av. Louis-Barthou, 33200 Bordeaux, tél. 05.56.08.33.23, Web : www.aslbx.com
Pays • Allemagne, Canada, Espagne, États-Unis, Irlande, Italie, Malte, Royaume-Uni.
Séjours • au pair avec cours • au pair sans cours • cours particulier en école de langues • jobs, résidence en *College* et cours • avec cours et logement chez son professeur • avec cours et sport intensif • en centres de vacances • en famille et cours • en famille et *High School* • en famille sans cours, stage.
Préparations • GMAT • TOEFL • diplômes de Cambridge • diplômes des chambres de commerce • Sciences po • baccalauréat.

■ Aspect
53, rue du Faubourg-Poissonnière, 75009 Paris, tél. 01.48.00.06.00, Web : www.aspect-france.fr
Pays • Allemagne, Australie, Canada, Équateur, Espagne, États-Unis, Irlande, Italie, Malte, Nouvelle-Zélande, Royaume-Uni.
Séjours • cours particulier en école de langue • avec cours sur campus • en centres de vacances • en famille et cours • en famille et cours en université • en famille et *High School*, stage en entreprise.
Préparations • DELE • diplômes de l'Institut Goethe • GMAT • TOEFL • diplômes de Cambridge • diplômes des chambres de commerce.

Association culturelle franco allemande pour la jeunesse (ACFAJ)
22 *bis*, rue du Pont-Louis-Philippe, 75004 Paris, tél. 01.42.71.22.60, Web : www.acfaj.org
Pays • Allemagne.
Séjours • en famille et cours • en famille sans cours • échanges.
Préparations • diplômes de l'Institut Goethe • diplômes des chambres de commerce • grandes écoles (écoles d'ingénieurs, écoles de commerce) • baccalauréat.

Association de services linguistiques-LH Balistaire (ASL)
Carpe Diem, Les Colles, BP 4, 83440 Saint-Paul-en-Forêt, tél. 04.94.76.34.34.
Pays • Allemagne, Argentine, Australie, Autriche, Canada, Danemark, Émirats arabes, Espagne, États-Unis, Finlande, Hongrie, Irlande, Israël, Italie, Japon, Malte, Mexique, Norvège, Nouvelle-Zélande, Pays-Bas, Portugal, Pologne, République tchèque, Royaume-Uni, Russie, Suède, Taïwan, Venezuela.

Association de services, services spécialisés et d'entraide (ASSSE)
11, rue de Rome, 75008 Paris, tél. 01.45.22.97.68, e-mail : assse@wanadoo.fr
Pays • Allemagne, Irlande.
Séjours • avec cours et sport intensif • en centres de vacances • en famille et cours • en famille sans cours.

Association de voyages pour étudiants et de séjours pour enfants (AVESE)
4, square Vitruve, 75020 Paris, tél. 01.40.30.11.12.
Pays • Espagne, États-Unis, Royaume-Uni.
Séjours • avec cours et logement chez son professeur • avec cours et sport intensif • en famille et cours • en famille sans cours.

■ Association linguistique et culturelle franco-britannique (ALCFB)
5, place de l'Étape, 78200 Mantes-la-Jolie, tél. 01.30.92.72.00, Web : www.alcfb.asso.fr
Pays • Allemagne, Canada, Écosse, États-Unis, Irlande, Royaume-Uni.
Séjours • avec cours en école de langues • en centres de vacances • en famille et cours • en famille et cours en université • en famille sans cours.

Association nationale franco-québécoise pour le développement et les échanges linguistiques et culturels (ANFQ)
4, quai du Port, 94130 Nogent-sur-Marne, tél. 01.43.24.34.66.
Pays • Canada, Espagne, Irlande, Royaume-Uni.
Séjours • au pair avec cours • au pair sans cours • cours particulier en école de langues • en centres de vacances.

Préparations • TOEFL • diplômes de Cambridge.

Aubert-Ermisse-Tours (AET)
10, place de la Victoire,
37000 Tours,
tél. 02.47.37.54.47, 01.42.22.65.34,
Web : www.aubert-ermisse.com
Pays • Allemagne, Argentine, Australie, Canada, Équateur, Espagne, États-Unis, Grande-Bretagne, Irlande, Italie, Japon, Malte, Mexique, Pays-Bas, Portugal, Royaume-Uni, Suède.
Séjours • au pair • résidence en *College* et cours • avec cours et logement chez son professeur • avec cours et sport intensif • en centres de vacances • en famille et cours • en famille et cours en université • en famille et *High School* • en famille sans cours, stage.
Préparations • TOEFL • diplômes de Cambridge • diplômes des chambres de commerce • Sciences po • grandes écoles (d'ingénieurs, de commerce).

British European Center (BEC)
5, rue Richepanse, 75008 Paris,
tél. 01.42.60.35.57,
Web : www.bec-online.net
Pays • Allemagne, Autriche, Canada, Espagne, États-Unis, Hongrie, Irlande, Italie, Malte, Pays-Bas, République tchèque, Royaume-Uni.
Séjours • cours particulier en école de langues • avec cours et logement chez son professeur • avec cours et sport intensif • en centres de vacances • en famille et cours • en famille et cours en université • en famille et *High School* • en famille sans cours, stage.
Préparations • TOEFL • diplômes de Cambridge • diplômes des chambres de commerce • Sciences po • grandes écoles (d'ingénieurs, de commerce) • baccalauréat.

Bureau international de liaison et de documentation (BILD)
50, rue de Laborde, 75008 Paris,
tél. 01.43.87.25.50,
Web : www.ofaj.org
Pays • Allemagne.
Séjours • avec cours et sport intensif • en centres de vacances • stage.

■ Calvin-Thomas, Euraupair (CTO)
87 *bis*, rue de Charenton,
75012 Paris,
tél. 01.55.78.29.91,
Web : www.calvin-thomas.com
Pays • Royaume-Uni, États-Unis.
Séjours • au pair avec cours • cours particulier en école de langues • en famille et cours • en famille et *High School* • en famille sans cours.
Préparations • TOEFL • diplômes de Cambridge.

Cap monde concept loisirs
11, quai Conti,
78430 Louveciennes,
tél. 01.30.82.15.15,
Web : www.capmonde.fr/cap-monde.htm
Pays • Allemagne, Australie, Autriche, Espagne, États-Unis, Irlande, Royaume-Uni.
Séjours • résidence en *College* et cours • avec cours et sport intensif • en centres de vacances • en famille et cours • en famille et cours en université • en famille sans cours • logement chez le professeur.

■ CEI-Club des 4 vents
4, rue des Ciseaux, 75006 Paris,
tél. 01.43.29.60.20,
Web : www.cei4vents.com
Pays • Allemagne, Espagne, États-Unis, Irlande, Malte, Royaume-Uni, Singapour.
Séjours • échanges • jobs, résidence en *College* et cours au lycée • avec cours et logement chez son professeur • avec cours et sport intensif • en centres de vacances • en famille et cours • en famille ou cours en université • en famille et *High School* • en famille sans cours, stage • échanges • bénévolat.
Préparations • TOEFL • diplômes de Cambridge • baccalauréat.

Centre d'échanges linguistiques internationaux d'Aquitaine (CELIA)
66, rue Victor-Bilion, 33110 Le Bouscat,
tél. 05.56.08.36.22.
Pays • Espagne, Grande-Bretagne, Irlande.
Séjours • en famille sans cours.
Préparations • TOEFL • diplôme de Cambridge

Centre d'études franco-américain (CEFA)
10-14, bd Carnot, BP 4176,
14104 Lisieux cedex,
tél. 02.31.31.22.01,
Web : perso.wanadoo.fr/centre.normandie/
Pays • États-Unis.
Séjours • avec cours en école de langues • en famille et cours.
Préparations • TOEFL.

Centre de langue et culture Italienne (CLCI)
4, rue des Prêtres-Saint-Séverin, 75005 Paris, tél. 01.46.34.27.00, Web : www.centrital.com
Pays • Italie.
Séjours • cours particulier en école de langue • en famille et cours.

Centre de langue et culture russes (CLCR)
2, rue de l'Éperon, 75006 Paris, tél. 01.40.49.05.60.
Pays • Russie.
Séjours • au pair avec cours • en famille et cours particulier en université • avec cours et logement chez son professeur • séjour en famille et cours • en famille et *High School* • séjour en famille sans cours, stage.

Centre international d'études des langues (CIEL)
rue du Gué-Fleuri, BP 35, 29480 Le Relecq-Kerhuon, tél. 02.98.30.57.57, Web : www.ciel.com
Pays • Royaume-Uni.
Séjours • cours particulier en école de langues • en famille et cours particulier en université • avec cours et sport intensif • en famille et cours.
Préparations • diplômes de Cambridge.

■ Civi-Ling
39 *bis*, boulevard Laennec, 22000 Saint-Brieuc, tél. 02.96.75.47.47. e-mail : civi-ling@wanadoo.fr
Pays • Allemagne, Australie, Espagne, États-Unis, Irlande, Royaume-Uni.
Séjours • en famille avec cours • en famille sans cours • avec cours et sport intensif • avec cours sur campus • en famille avec cours particulier • résidence en université • cours particuliers en école de langue.
Préparations • baccalauréat • TOEFL.

CEPES-Alternative (CEPES)
30, rue de Gramont, 75002 Paris, tél. 01.45.50.28.28, Web : www.cepes.com
Pays • Chine, Équateur, Espagne, États-Unis, Grande-Bretagne.
Séjours • cours particulier en école de langues • avec cours sur campus.

Club culturel et linguistique (CCL)
131, rue de Picpus, 75012 Paris, tél. 01.43.07.07.90, Web : www.ccl.asso.fr
Pays • Allemagne, Canada, Espagne, États-Unis, Irlande, Italie, Malte, Royaume-Uni.
Séjours • au pair avec cours • en famille et cours particulier • en université • résidence en *College* et cours • avec cours et logement chez son professeur • avec cours et sport intensif • en centres de vacances • en famille et cours • en famille et *High School* • en famille sans cours.
Préparations • TOEFL • diplômes de Cambridge.

Club Éducatour Voyages
37, rue Paul-Déroulède, 06000 Nice, tél. 04.93.87.51.68.
Pays • États-Unis, Irlande, Royaume-Uni.
Séjours • en famille avec cours • en famille sans cours • avec cours et logement chez son professeur • avec cours et sport intensif.
Préparations • diplômes de Cambridge.

Club EHH-Touchouss
105, rue de Saussure, 75017 Paris, tél. 01.46.22.14.90, Web : www.multimania.com/clubehh
Pays • Allemagne, Canada, Espagne, États-Unis, Irlande, Malte, Royaume-Uni.
Séjours • au pair sans cours • cours particulier en école de langues • séjour avec cours et logement chez son professeur • avec cours et sport intensif • en centres de vacances • en famille et cours • en famille et *High School* • en famille sans cours.
Préparations • TOEFL • diplômes de Cambridge.

Club jeune Europe (CJE)
108, rue de Mitry, 93600 Aulnay-sous-Bois, tél. 01.48.66.04.48. Web : www.clubjeuneeurope.com
Pays • Allemagne, Australie, Canada, Espagne, États-Unis, Irlande, Italie, Japon, Royaume-Uni.
Séjours • cours particulier en école de langues • en famille et cours particulier en université • avec cours et logement chez son professeur • avec cours et sport intensif • en centres de vacances • en famille et cours • en famille et cours en université • en famille sans cours, stage.
Préparations • DELE • diplômes de l'Institut Goethe • GMAT • TOEFL • diplômes de Cambridge • diplômes des chambres de commerce • Sciences po • grandes écoles (d'ingénieurs, de commerce) • baccalauréat.

Club langues et civilisations (CLC)
rue de la Comtesse-Cécile,
12000 Rodez,
tél. 05.65.77.50.00, Web : www.clc.fr
Pays • Allemagne, Australie, Canada, Espagne, États-Unis, Irlande, Italie, Malte, Mexique, Royaume-Uni.
Séjours • au pair avec cours • cours particulier en école de langues • avec cours et logement chez son professeur • avec cours et sport intensif • en famille et cours • en famille et *High School* • en famille sans cours, stage.
Préparations • DELE • TOEFL • diplômes de Cambridge • diplômes des chambres de commerce • baccalauréat.

Condé International
40 *bis*, rue Vaubecour,
69002 Lyon,
tél. 04.78.42.92.39,
Web : www.ecoles-de-conde.fr
Pays • Allemagne, Australie, Canada, Espagne, États-Unis, Irlande, Italie, Japon, Royaume-Uni.
Séjours • en famille et cours particulier en université, résidence en *College* et cours • avec cours et logement chez son professeur • avec cours et sport intensif • avec cours sur campus • en famille et cours, stages.
Préparations • DELE • GMAT • TOEFL • TOEIC • IELTS • diplômes de Cambridge • diplômes des chambres de commerce.

Contacts
27, rue de Lisbonne, 75008 Paris,
tél. 01.45.63.35.53,
Web : www.contacts.org
Pays • Allemagne, Autriche, Canada, Espagne, États-Unis, Irlande, Italie, Royaume-Uni.
Séjours • au pair avec cours • au pair sans cours • cours particulier en école de langues • avec cours et logement chez son professeur • en famille et cours • en famille et *High School* • en famille sans cours, stage.
Préparations • diplômes de l'Institut Goethe • TOEFL • diplômes de Cambridge • diplômes des chambres de commerce.

■ **Council on International Educational Exchange (CIEE)**
112 *ter*, rue Cardinet,
75017 Paris
tél. 01.58.57.20.50.
Web : www.councilexchanges.org
Pays • Allemagne, Australie, Canada, Espagne, États-Unis, Irlande, Italie, Malte, Mexique, République tchèque, Royaume-Uni.
Séjours • cours particulier en école de langues • jobs • avec cours et sport intensif • avec cours sur campus • en famille et cours • en famille et cours en université, stage.
Préparations • TOEFL • diplômes de Cambridge.

De Vraies Écoles de langues (VELA)
27, rue de Lisbonne,
75008 Paris,
tél. 01.56.59.66.77,
Web : www.velaonline.com/etu.shtml
Pays • Allemagne, Australie, Canada, Espagne, États-Unis, Irlande, Royaume-Uni, Russie.
Séjours • cours particulier en école de langues • en famille et cours particulier en université • avec cours et logement chez son professeur • en centres de vacances • en famille et cours • en famille et *High School*.
Préparations • TOEFL • diplômes de Cambridge • diplômes des chambres de commerce • Sciences po • grandes écoles (d'ingénieurs, de commerce) • baccalauréat.

Don Quijote
tél. 0800.91.59.27.
Web : www.donquijote.org
Pays • Costa Rica, Équateur, Espagne, Guatemala, Mexique, Pérou, Ténériffe.
Séjours • cours particulier en école de langues • résidence en *College* et cours • en famille et cours.
Préparations • DELE, diplômes de la chambre de commerce espagnole.

Échanges culturels internationaux (ECI)
62, av. de-Lattre-de-Tassigny,
13097 Aix-en-Provence cedex 2,
tél. 04.42.21.07.68,
Web : www.eci.asso.fr
Pays • Allemagne, Australie, Canada, Espagne, États-Unis, Irlande, Italie, Royaume-Uni.
Séjours • cours particulier en école de langues • avec cours et logement chez son professeur • avec cours et sport intensif • avec cours sur campus • en famille et cours • en famille et *High School* • en famille sans cours.
Préparations • TOEFL • diplômes de Cambridge.

Échanges scolaires franco-allemands (ESFA)
76, cours Charlemagne,
69002 Lyon, tél. 04.78.42.81.00,
Web : www.esfa.fr
Pays • Allemagne, Autriche, États-Unis, Irlande, Royaume-Uni.
Séjours • cours particulier en école de langues • jobs • avec cours et logement chez son professeur • avec cours et sport intensif • en centres de vacances • en famille et cours • en famille et *High School* • en famille sans cours.

EF Éducation (EF)
4, rue Duphot,
75001 Paris,
tél. 01.42.61.46.26, 01.42.61.50.22,
Web : www.ef.com
Pays • Allemagne, Australie, Canada, Chine, Équateur, Espagne, États-Unis, Irlande, Italie, Malte, Royaume-Uni, Russie.
Séjours • avec cours et sport intensif • en centres de vacances • en famille et cours • en famille et cours en université • en famille et *High School* • en famille sans cours.
Préparations • DELE • diplômes de l'Institut Goethe • TOEFL • diplômes de Cambridge.

■ **Effective**
131, av. Thiers,
33100 Bordeaux,
tél. 05.57.77.44.88,
Web : www.effective-edu.com
Pays • Australie, Canada, États-Unis, Irlande, Royaume-Uni.
Séjours • avec cours et logement chez le professeur • en centres de vacances • en famille et cours • en famille et cours en université • en famille et *High School* • en famille sans cours, stage et cours spécialisés en anglais des affaires de commerce.
Préparations • TOEFL • IELTS • diplômes de Cambridge • diplômes des chambres de commerce • grandes écoles (d'ingénieurs, de commerce) • diplômes étrangers.

ELS euro-séjours
BP 55, 53960 Bonchamps-les-Laval,
tél. 02.43.67.91.91
Web : www.euro-sejours.com
Pays • Allemagne, Espagne, Irlande, Italie, Pays-Bas, Royaume-Uni.
Séjours • avec cours en école de langues • en famille et cours • en famille sans cours.

En famille international
26, Savarias, Salignac,
33240 Saint-André-de-Cubzac,
tél. 05.57.43.52.48,
Web : www.enfamille.com
Pays • Allemagne, Canada, États-Unis, Irlande, Royaume-Uni.
Séjours • séjours de 6 mois pour enfants de 8 à 13 ans en famille avec cours.

■ **Espace Europ**
82, boulevard de l'Angleterre, BP 723,
85000 La Roche-sur-Yon,
tél. 02.51.24.08.24,
Web : www.espace-europ.com
Pays • Allemagne, Autriche, Espagne, Hongrie, Irlande, Italie, Pays-Bas, République tchèque, Royaume-Uni.
Séjours • avec cours et sport intensif • avec cours en écoles de langues • en groupe.

Espagne contact réalisations (ECR)
Le Beffeux, BP 3,
14680 Bretteville-sur-Laize,
tél. 02.31.23.18.85.
Web : www.espagne-contact.asso.fr
Pays • Espagne.
Séjours • au pair avec cours • au pair sans cours • en famille et cours • en famille sans cours, échange.

■ **Eurocentres, Fondation centres européens langues et civilisations**
13 N, passage Dauphine,
75006 Paris,
tél. 01.40.46.72.00,
Web : www.eurocentres.com
Pays • Allemagne, Autriche, Canada, Espagne, États-Unis, Grande-Bretagne, Italie, Japon, Malte, Russie, Suisse.
Séjours • cours particulier en école de langues • avec cours sur campus • en centres de vacances • en famille et cours • en famille et cours en université, stage.
Préparations • DELE • diplômes de l'Institut Goethe • TOEFL • diplômes de Cambridge • diplômes des chambres de commerce.

Eurolangues
43, avenue de Saint-Cloud,
78800 Versailles, tél. 01.39.20.22.50,
Web : www.eurolangues.fr
Pays • Allemagne, Australie, Canada, Espagne, États-Unis, Irlande, Malte, Royaume-Uni.
Séjours • avec cours et sport intensif • en famille et cours • en famille sans cours, stage.

Préparations • TOEFL • diplômes de Cambridge • Sciences po • grandes écoles (d'ingénieurs, de commerce, ENS) • baccalauréat.

Europa
67, rue de Chabrol,
75010 Paris,
tél. 01.48.00.02.00.
Web : www.europa-formation.com
Pays • Grande-Bretagne.
Séjours • résidence en *College* et cours • avec cours en école de langues • avec cours et logement chez son professeur • avec cours et sport intensif • en centres de vacances • en famille et cours • en famille sans cours.

Europair services
13, rue Vavin, 75006 Paris,
tél. 01.43.29.80.01.
Web : perso.wanadoo.fr/europair
Pays • Allemagne, Australie, Autriche, Danemark, Espagne, États-Unis, Grèce, Irlande, Islande, Italie, Pays-Bas, Royaume-Uni.
Séjours • au pair avec cours • au pair sans cours • jobs.

Eurostages
2, rue Édouard-Cadol,
92600 Asnières-sur-Seine,
tél. 01.40.86.92.74,
Web : www.eurostages-asso.org
Pays • Allemagne, Espagne, Irlande, Royaume-Uni.
Séjours • cours particulier en école de langues • avec cours et logement chez son professeur • avec cours et sport intensif • avec cours sur campus • en famille et cours • en famille et cours en université • en famille et *High School* • en famille sans cours, stage.
Préparations • GMAT • TOEFL • diplômes de Cambridge • diplômes des chambres de commerce • Sciences po • grandes écoles (d'ingénieurs, de commerce, ENS) • baccalauréat.

Executive Language Services (ELS)
20, rue Sainte-Croix-de-la-Bretonnerie,
75004 Paris,
tél. 01.44.54.58.88,
Web : www.editionsdumanagement.com
Pays • Allemagne, Australie, Canada, Espagne, États-Unis, Irlande, Italie, Malte, Royaume-Uni, Russie.
Séjours • cours particulier et collectif en école de langues • avec cours et logement chez son professeur • avec cours sur campus • en famille et cours.
Préparations • TOEFL • TOEIC • diplômes de Cambridge.

■ **Experiment**
89, rue de Turbigo, 75003 Paris,
tél. 01.44.54.58.00,
Web : www.experiment-france.org
Pays • Allemagne, Argentine, Australie, Canada, Équateur, Espagne, États-Unis, Hongrie, Inde, Irlande, Italie, Japon, Malte, Mexique, Nouvelle-Zélande, Pays-Bas, Pologne, Portugal, Royaume-Uni, Suède.
Séjours • au pair avec cours • job • en famille et cours • en famille et cours en université • en famille sans cours, stage.
Préparations • TOEFL.

Fédération des œuvres éducatives et de vacances de l'Éducation nationale (FOEVEN)
67, rue Vergniaud, 75013 Paris,
tél. 01.45.88.62.77.
Web : www.foeven.asso.fr
Pays • Royaume-Uni.
Séjours • en centres de vacances • en famille et cours • en famille sans cours.

Fédération nationale des associations culturelles d'expansion musicale et artistique (FNACEM)
21, rue Saint-Fargeau, BP 313,
75989 Paris cedex 20,
tél. 01.43.58.98.50.
Pays • Allemagne, Espagne, Royaume-Uni.
Séjours • en famille et cours.

Formalangues Paris
87, rue La Boétie, 75008 Paris,
tél. 01.53.93.67.89,
Web : www.formalangues.com
Pays • Afrique du Sud, Allemagne, Australie, Autriche, Bolivie, Canada, Chine, Équateur, Espagne, États-Unis, île de Man, Irlande, Italie, Japon, Jersey, Malte, Mexique, Nouvelle-Zélande, Pologne, Portugal, Royaume-Uni, Russie, Taïwan.
Séjours • cours particulier • avec cours et logement chez son professeur.
Préparations • TOEFL.

FM sport et langues
61, rue du Château, 78480 Verneuil,
tél. 01.39.71.12.12,
Web : www.fmsport.com
Pays • Allemagne, Australie, Autriche, Canada, Équateur, Espagne, États-Unis, Irlande, Italie, Japon, Malte, Royaume-Uni.
Séjours • en famille avec cours • en famille sans cours • avec cours et sport intensif • stages • cours particuliers.

Préparations • DELE • diplômes de l'institut Goethe • GMAT • TOEFL • diplômes de Cambridge • diplômes des chambres de commerce.

France-Louisiane franco-américaine (FL/FA)

17, avenue Reille, 75014 Paris, tél. 01.45.88.02.10.
Web : www.flfa.free.fr/

Pays • États-Unis.

Séjours • échanges • en famille sans cours.

Globe international

121, bd Diderot, 75012 Paris, tél. 01.43.44.81.81,
Web : www.sejours-linguistiques.com

Pays • Allemagne, Australie, Autriche, Canada, Espagne, États-Unis, Irlande, Italie, Malte, Royaume-Uni, Russie.

Séjours • cours particulier en école de langues • stage • résidence en *College* et cours • avec cours et logement chez son professeur • avec cours et sport intensif • en centres de vacances • en famille et cours • en famille et cours en université.

Préparations • TOEFL.

Goelangues

26, rue Vignon, 75009 Paris, tél. 01.43.12.55.99,
Web : www.goelangues.org

Pays • Afrique du Sud, Allemagne, Australie, Autriche, Canada, Chine, Cuba, Costa Rica, Équateur, Espagne, États-Unis, Irlande, Italie, Japon, Malte, Mexique, Nouvelle-Zélande, Royaume-Uni, Russie.

Séjours • au pair avec cours • au pair sans cours • cours particulier en école de langues • résidence en *College* et cours • avec cours et logement chez son professeur • avec cours et sport intensif • en centres de vacances • en famille et cours • en famille et *High School* • en famille sans cours, stage.

Préparations • DELE • diplômes de l'Institut Goethe • GMAT • TOEFL • diplômes de Cambridge • diplômes des chambres de commerce • Sciences po • grandes écoles (d'ingénieurs, de commerce, ENS) • baccalauréat.

Goethe Institut

17, av. d'Iéna, 75116 Paris, tél. 01.44.43.92.30,
Web : www.goethe.de/fr/par

Pays • Allemagne.

Séjours • cours particulier en école de langues • avec cours et sport intensif • en centres de vacances.

Préparations • diplômes de l'Institut Goethe • diplômes des chambres de commerce.

ICO

55, rue de Rivoli, 75001 Paris, tél. 01.42.36.47.18,
Web : hometown.aol.com/icofrance/

Pays • Allemagne, Australie, Autriche, Canada, Costa Rica, Équateur, Espagne, États-Unis, Irlande, Italie, Japon, Malte, Mexique, Nouvelle-Zélande, Portugal, Royaume-Uni, Taïwan.

Séjours • au pair avec cours • cours particulier en école de langues • en famille et cours particulier en université • avec cours et logement chez son professeur • avec cours et sport intensif • en centres de vacances • en famille et cours • en famille et cours en université • en famille et *High School* • en famille sans cours, stage.

Préparations • DELE • diplômes de l'Institut Goethe • GMAT • TOEFL • diplômes de Cambridge • diplômes des chambres de commerce • Sciences po • grandes écoles (d'ingénieurs, de commerce, ENS) • baccalauréat.

Inlingua

109, rue de l'Université, 75007 Paris, tél. 01.45.51.46.60,
Web : www.inlinguaparis.com

Pays • Afrique du Sud, Allemagne, Andorre, Autriche, Belgique, Brésil, Canada, Colombie, Corée du Sud, Espagne, États-Unis, Italie, Japon, Malte, Nouvelle-Zélande, Pérou, Pologne, Porto Rico, Portugal, Royaume-Uni, Singapour, Suisse, Thaïlande, Venezuela.

Séjours • cours particulier en école de langues • en famille et cours.

Préparations • diplômes de Cambridge.

Institut culturel franco-américain

Espace Champollion, 55, rue du Mistral, 34970 Lattes, tél. 04.67.20.05.09,
Web : www.sspfrance.com/icfa

Pays • Canada, États-Unis.

Séjours • cours particulier en école de langues • avec cours et sport intensif • avec cours sur campus • en centres de vacances • en famille et cours • en famille et cours en université • en famille et *High School* • en famille sans cours, stage.

Préparations • GMAT • TOEFL • Sciences po • grandes écoles (d'ingénieurs, de commerce) • baccalauréat.

Institut d'échanges franco-européens (IFEU)
11, chemin de la Butte-au-Diable, 91570 Bièvres, tél. 01.69.41.04.39.
Pays • Allemagne, Autriche, Espagne, Irlande, Italie, Royaume-Uni.
Séjours • au pair avec cours • au pair sans cours

Institut de formation en langues vivantes (IFLV)
24, rue du 4-Septembre, 75002 Paris, tél. 01.42.66.24.26, Web : www.iflv.fr
Pays • Allemagne, Australie, Royaume-Uni, Espagne, États-Unis, Irlande, Italie, Russie.
Séjours • cours particulier en école de langues • en famille et cours particulier en université • avec cours et logement chez le professeur • en famille et cours, stage.
Préparations • DELE • GMAT • TOEFL • diplômes de Cambridge • diplômes des chambres de commerce.

Institut français de gestion, département des langues (IFG)
37, quai de Grenelle, 75015 Paris, tél. 01.40.59.30.30, Web : www.ifglangues.fr
Pays • Allemagne, Australie, Canada, Espagne, États-Unis, Irlande, Italie, Japon, Portugal, Royaume-Uni.
Séjours • cours particulier et collectif en école de langues • en famille avec cours et sport intensif • avec cours sur campus • résidence en campus ou hôtel et cours.
Préparations • TOEFL • TOEIC.

Inter-séjours
179, rue de Courcelles, 75017 Paris, tél. 01.47.63.06.81.
Pays • Allemagne, Australie, Autriche, Canada, Espagne, États-Unis, Irlande, Italie, Nouvelle-Zélande, Royaume-Uni, Suisse
Au pair • mêmes pays auxquels s'ajoutent le Danemark, les Pays-Bas, la Suède.
Séjours • au pair avec cours • au pair sans cours • cours particulier en école de langues • en famille et cours particulier en université • avec cours et logement chez son professeur • avec cours et sport intensif • en centres de vacances • en famille et cours • en famille et *High School* • en famille sans cours.
Préparations • DELE • diplômes de l'Institut Goethe • GMAT • IELTS • TOEFL • TOEIC • diplômes de Cambridge • diplômes des chambres de commerce • Sciences po • grandes écoles (d'ingénieurs, de commerce, ENS) • baccalauréat.

■ **International Dialog**
14, rue de Tolbiac, 75013 Paris tél. 01.44.06.07.36, Web : www.ifrance.com
Pays • Allemagne, Espagne, Irlande, Malte.
Séjours • cours particulier en école de langues • résidence en *College* et cours • avec cours et logement chez son professeur • avec cours et sport intensif • en centres de vacances • en famille et cours • en famille et *High School* • en famille sans cours, stage • séjours itinérants linguistiques en Allemagne.

International Language Centre (ILC)
13, passage Dauphine, 75006 Paris, tél. 01.44.41.80.20, Web : www.embassyces.com
Pays • Australie, Canada, États-Unis, Royaume-Uni.
Séjours • cours particulier en école de langues • avec cours et logement chez son professeur • en famille et cours.
Préparations • diplômes de Cambridge • IELTS.

Jeunesse et reconstruction
8-10, rue de Trévise, 75009 Paris, tél. 01.47.70.15.88, Web : www.volontariat.org
Pays • Biélorussie, Costa Rica, Guatemala, Japon, Maroc.
Séjours • cours particulier en école de langues • en famille et cours particulier en université, jobs • en famille et cours • en famille et cours en université • en famille et *High School* • en famille sans cours.

■ **Language Studies International (LSI)**
350, rue Saint-Honoré, 75001 Paris, tél. 01.42.60.53.70, Web : www.lsi.edu
Pays • Allemagne, Australie, Canada, Espagne, États-Unis, Irlande, Nouvelle-Zélande, Suisse, Royaume-Uni.
Séjours • en famille ou en résidence collective avec cours particuliers ou collectifs en école de langue • avec cours et logement chez son professeur.
Préparations • TOEFL • GMAT • diplômes des chambres de commerce • diplôme de Cambridge.

■ Langues et cultures
Bazeilles, 43100 Vieille-Brioude,
tél. 0800.00.38.90 (n° vert).
Web : www.languesetcultures.com
Pays • Royaume-Uni.
Séjours • en famille avec cours • avec cours et sport intensif • avec cours et formation Internet-multimédia.
Préparations • baccalauréat • grandes écoles (commerce et ingénieurs).

La Route des langues (RDL)
116, av. des Champs-Élysées,
75008 Paris,
tél. 01.44.21.81.32, 01.44.21.81.40,
Web : laroutedeslangues.online.fr
Pays • Autriche, Allemagne, Australie, Canada, Espagne, États-Unis, Irlande, Italie, Japon, Royaume-Uni, Russie.
Séjours • cours particulier en école de langues • avec cours et logement chez le professeur • avec cours et sport intensif • résidence en *College* ou en université • avec cours sur campus • en famille et cours • en famille et cours en université • en famille et *High School* • en famille sans cours, stage.
Préparations • DELE • diplômes de l'Institut Goethe • TOEFL • diplômes de Cambridge • diplômes des chambres de commerce • Sciences po • grandes écoles (d'ingénieurs, de commerce).

■ Les Fauvettes
10, rue Léon-Jouhaux, 75010 Paris,
tél. 01.48.03.88.55,
Web : www.les-fauvettes.asso.fr
Pays • Allemagne, Canada, Écosse, États-Unis, Irlande, Royaume-Uni.
Séjours • en famille avec cours • en famille sans cours • en centre de vacances.

Les Joyeux Baladins
27, rue Balay, 42000 Saint-Étienne,
tél. 04.77.21.00.07.
Pays • Allemagne, Espagne, Irlande, Italie, Royaume-Uni.
Séjours • avec cours et sport intensif • en famille et cours • en famille et cours en université • en famille sans cours, stage, jobs.
Préparations • TOEFL • diplômes des chambres de commerce.

■ Ligue française de l'enseignement et de l'éducation permanente. Vacances pour tous (LFEEP/VPT)
21, rue Saint-Fargeau, BP 313
75989 Paris cedex 20,
tél. 01.43.58.95.66 Web : www.laligue.org
Pays • Allemagne, Australie, Canada, Espagne, États-Unis, Irlande, Italie, Malte, Royaume-Uni.
Séjours • avec cours en école de langues • avec cours et logement chez son professeur • avec cours et sport intensif • en centres de vacances • en famille et cours • en famille et *High School* • en famille sans cours.
Préparations • baccalauréat • TOEFL • TOEIC • diplômes de l'université de Cambridge.

Lingua club (LC)
156 *bis*, avenue de Suffren, 75015 Paris,
tél. 01.47.83.90.47,
Web : perso.club-internet.fr/linguacl
Pays • Allemagne, Irlande, Royaume-Uni.
Séjours • avec cours sur campus • en famille et cours • en famille et cours en université • en famille sans cours.
Préparations • TOEFL • diplômes de Cambridge • diplômes des chambres de commerce • diplômes étrangers.

Linguarama
Tour Ève, place du Sud, la Défense 9,
92806 Puteaux,
tél. 01.47.73.00.95,
Web : www.linguarama.com/france
Pays • Allemagne, Autriche, Espagne, Finlande, Italie, Pays-Bas, Royaume-Uni.
Séjours • cours particulier en école de langues • en famille et cours.
Préparations • DELE • diplômes de l'Institut Goethe • TOEFL • diplômes de Cambridge • diplômes des chambres de commerce.

Loisirs culturels à l'étranger (LEC)
89, av. de Villiers, 75017 Paris,
tél. 01.42.67.75.75.
Pays • Allemagne, Espagne, États-Unis, Irlande, Royaume-Uni.
Séjours • résidence en *College* et cours • avec cours et logement chez son professeur • avec cours et sport intensif • en famille et cours • en famille et *High School* • en famille sans cours.
Préparations • Sciences po • grandes écoles (d'ingénieurs, de commerce, ENS) • baccalauréat.

■ Mondes nouveaux
6, place Gourville, 16110 La Rochefoucauld,
tél. 05.45.02.38.10,
Web : www.mondes-nouveaux.com
Pays • Australie, Espagne, États-Unis, Irlande, Royaume-Uni.
Séjours • en famille et cours • en famille sans cours.

Nacel
BP 829, 12008 Rodez cedex,
tél. 05.65.76.55.00, Web : www.nacel.fr
Pays • Afrique du Sud, Allemagne, Australie, Autriche, Brésil, Canada, Chine, Espagne, États-Unis, Guatemala, Irlande, Italie, Japon, Malte, Mexique, Nouvelle-Zélande, Portugal, Royaume-Uni, Russie.
Séjours • au pair avec cours • au pair sans cours • cours particulier en école de langues • résidence en *College* et cours • avec cours et logement chez son professeur • avec cours et sport intensif • avec cours sur campus • en centres de vacances • en famille et cours • en famille et cours en université • en famille et *High School* • en famille sans cours, stage.
Préparations • TOEFL • diplômes de Cambridge • diplômes des chambres de commerce • Sciences po • grandes écoles (d'ingénieurs, de commerce, ENS) • baccalauréat.

Newlangues voyages
10, square Surcouf,
91350 Grigny, tél. 01.69.25.85.52.
Pays • Allemagne, Espagne, États-Unis, Irlande, Royaume-Uni.
Séjours • avec cours et logement chez son professeur • avec cours et sport intensif • en famille et cours • en famille sans cours.
Préparations • baccalauréat.

Nouvelles frontières (NF)
87, bd de Grenelle, 75015 Paris,
tél. 0825.000.825,
Web : www.nouvelles-frontieres.fr
Pays • Afrique du Sud, Allemagne, Australie, Espagne, États-Unis, Italie, Malte, Royaume-Uni.
Séjours • cours particulier en école de langues • en famille et cours particulier en université, résidence en *College* et cours • avec cours en école de langues • avec cours et sport intensif • en centres de vacances • en famille et cours • en famille et cours en université • en famille sans cours, stage.
Préparations • TOEFL • diplômes de Cambridge • diplômes des chambres de commerce • DELE • baccalauréat.

■ Options vacances
13, rue Sainte-Cécile, 75009 Paris,
tél. 01.53.24.90.90,
Web : www.option-vacances.com
Pays • Canada, Irlande.
Séjours • avec cours et logement chez son professeur • avec cours et sport intensif • en centres de vacances • en famille et cours • en famille et cours en université • en famille sans cours.

Organisation de séjours linguistiques en centres américains (ORCA)
1, villa Juge, 75015 Paris,
tél. 01.45.75.55.72.
Pays • Canada, États-Unis.
Séjours • échanges • avec cours en école de langues • en centres de vacances • en famille et cours • en famille sans cours.

Organisation séjours sportifs éducatifs et culturels (OSSEC)
10, av. Flachat,
92600 Asnières-sur-Seine,
tél. 01.47.33.27.97.
Pays • Allemagne, États-Unis, Royaume-Uni.
Séjours • en famille et cours • en famille sans cours.

OTU Voyage
36 agences en France, pour connaître leurs coordonnées, tél. 01.49.29.12.12,
Web : www.otu.fr
Pays • Allemagne, Écosse, Espagne, États-Unis, Irlande, Italie, Pays-Bas, Royaume-Uni.
Séjours • au pair avec cours • au pair sans cours • séjour avec cours en école de langues • en famille et cours.

Oxford Intensive School of English (OISE)
276, bd Saint-Germain, 75007 Paris,
tél. 01.53.59.44.44,
Web : www.oise.co.uk/fr
Pays • Allemagne, Australie, Irlande, Espagne, États-Unis, Royaume-Uni.
Séjours • cours particulier en école de langues • avec cours et sport intensif • en centres de vacances • en famille et cours.
Préparations • diplômes de l'Institut Goethe • GMAT • TOEFL • IELTS • TOEIC • diplômes de Cambridge • diplômes des chambres de commerce • Sciences po • grandes écoles (d'ingénieurs, de commerce, ENS) • baccalauréat.

■ Pro-lingua
40, rue de Trévise, 75009 Paris,
tél. 01.42.46.34.11.
Web : www.prolingua.org
Pays • Allemagne, Espagne, États-Unis, Irlande, Malte, Royaume-Uni.

Séjours • avec cours et logement chez son professeur • en centres de vacances • en famille et cours • en famille sans cours.

■ Programmes internationaux d'échanges (PIE)
39, rue Espariat, 13100 Aix-en-Provence, tél. 04.42.91.31.00,
Web : www.piefrance.com
Pays • Afrique du Sud, Allemagne, Australie, Brésil, Canada, Chili, Chine, Espagne, États-Unis, Finlande, Italie, Japon, Mexique, Norvège, Nouvelle-Zélande, Pologne, Portugal, République tchèque, Russie, Suède, Suisse, Taïwan, Thaïlande.
Séjours • en famille et cours • en famille et cours en université • en famille et *High School*; possibilité de passer deux semestres dans deux pays différents.

■ Regards
1, rue Marceau, 92170 Vanves,
tél. 01.46.38.80.60.
Pays • Irlande.
Séjours • échanges • résidence en *College* et cours • avec cours et sport intensif • en centres de vacances • en famille et cours • en famille sans cours.

Richard et Turgis séjours linguistiques (OSFB)
7, rue de l'Éperon,
75006 Paris,
tél. 01.44.32.16.80.
Pays • Allemagne, Australie, Canada, Espagne, États-Unis, Royaume-Uni, Russie.
Séjours • cours particulier en école de langues • avec cours et logement chez son professeur • en famille et cours • en famille et cours en université • en famille et *High School* • en famille sans cours, stage.
Préparations • DELE • diplômes de l'Institut Goethe • GMAT • TOEFL • diplômes de Cambridge • diplômes des chambres de commerce • Sciences po • grandes écoles (d'ingénieurs, de commerce) • baccalauréat.

Riviera international France
29, av. Maréchal-Juin,
06400 Cannes,
tél. 04.93.43.65.19,
Web : www.riviera.com
Pays • Allemagne, Australie, Canada, Espagne, États-Unis, Irlande, Italie, Malte, Royaume-Uni.
Séjours • au pair avec cours • au pair sans cours • avec cours et logement chez son professeur • en centres de vacances • en famille et cours • en famille et cours en université • en famille et *High School* • en famille sans cours, stage.
Préparations • DELE • diplômes de l'Institut Goethe • GMAT • TOEFL • diplômes de Cambridge.

■ Séjours internationaux linguistiques et culturels (SILC)
32, rempart de l'Est,
16022 Angoulême cedex,
tél. 05.45.97.41.00, Web : www.silc.fr
Pays • Afrique du Sud, Allemagne, Australie, Autriche, Canada, Espagne, États-Unis, Irlande, Italie, Malte, Royaume-Uni.
Séjours • au pair avec cours • au pair sans cours • cours particulier en école de langues • jobs • avec cours et logement chez son professeur • avec cours et sport intensif • en centres de vacances • en famille et cours • en famille et cours en université • en famille et *High School* • en famille sans cours, stage.
Préparations • DELE • TOEFL • diplômes de Cambridge • Sciences po • grandes écoles (d'ingénieurs, de commerce, ENS) • baccalauréat.

Student Travel Schools (STS)
36, rue Laffitte, 75009 Paris,
tél. 01.47.70.42.07,
Web : www.sts-education.com
Pays • Allemagne, Australie, Autriche, États-Unis, Irlande, Malte, Royaume-Uni.
Séjours • résidence en *College* et cours • avec cours et sport intensif • en famille et cours • en famille sans cours.

Télélangue
Tour Amboise,
204, rond-point du Pont-de-Sèvres,
92516 Boulogne-Billancourt cedex,
tél. 01.46.09.20.80,
Web : www.telelangue.com
Pays • Allemagne, Espagne, États-Unis, Irlande, Italie, Royaume-Uni.
Séjours • cours particulier en école de langues • en famille et cours particulier en université • en famille et cours • en famille et cours en université.
Préparations • TOEFL • diplômes de Cambridge • diplômes des chambres de commerce.

■ Terre des langues
32 *bis*, rue de Clocheville,
37000 Tours, tél. 02.47.31.13.00,
Web : www.terredeslangues.com
Pays • Allemagne, Australie, Canada, Espagne, États-Unis, Irlande, Mexique, Royaume-Uni.
Séjours • au pair avec cours • au pair sans cours • en famille avec cours • en famille sans cours • stages en entreprises • avec cours et sport intensif • avec cours en *High School* ou en université.
Préparations • baccalauréat • DELE • TOEFL • TOEIC • IELTS • diplômes de Cambridge.

Thanet International Linguistic Club (TILC)
5, rue de la Martinière,
69001 Lyon,
tél. 04.78.28.67.67,
Web : www.tilc.fr
Pays • Allemagne, Australie, Canada, Espagne, États-Unis, Irlande, Italie, Japon, Malte, Royaume-Uni, Russie.
Séjours • au pair avec cours • au pair sans cours • cours particulier en école de langues • échanges • stage • *one to one* (avec cours et logement chez son professeur) • avec cours et sport intensif • avec cours sur campus • en centres de vacances • en famille et cours • en famille et *High School* • en famille sans cours.
Préparations • baccalauréat • DELE • TOEFL • diplômes de Cambridge.

■ Tourisme scolaire
24 *bis*, bd Verd-de-Saint-Julien,
92190 Meudon,
tél. 01.45.34.76.00,
Web : www.tourismescolaire.com
Pays • Allemagne, Espagne, Irlande, Malte, Royaume-Uni, États-Unis.
Séjours • résidence en *College* et cours • avec cours et logement chez son professeur • en famille et cours • en famille sans cours.
Préparations • baccalauréat • TOEFL.

Travel Solutions
155, rue de Vaugirard,
75015 Paris,
tél. 01.44.49.79.69,
Web : www.travel-solutions.fr
Pays • Espagne, Royaume-Uni.
Séjours • cours particulier en école de langues • en famille et cours • en famille et cours en université • en famille sans cours.
Préparations • TOEFL • diplômes de Cambridge • diplômes des chambres de commerce.

■ United Globe J
Saint-Georges-de-Montaigu,
85607 Montaigu cedex,
tél. 02.51.43.04.43.
Pays • Allemagne, Belgique, Espagne, États-Unis, Irlande, Italie, Pays-Bas, République Tchèque, Royaume-Uni.
Séjours • en famille avec cours • en famille sans cours • avec cours et sport intensif • avec cours en *High School* ou en université • résidence en *College*.

Uni-Sco
37, rue Cardinet, 75017 Paris,
tél. 01.46.22.16.13.
Pays • Allemagne, Canada, Espagne, États-Unis, Irlande, Royaume-Uni.
Séjours • cours particulier en école de langues • résidence en *College* et cours • avec cours et sport intensif • en famille et cours • en famille et *High School* • en famille sans cours.
Préparations • TOEFL • diplômes de Cambridge • baccalauréat.

Vacances Léo-Lagrange (FNLL)
153-159, av. Jean-Lolive,
93500 Pantin,
tél. 01.48.10.65.65,
Web : www.leolagrange-fnll.org
Pays • Corse, Italie, Grèce, Portugal, Royaume-Uni.
Séjours • résidence en *College* et cours • avec cours et logement chez son professeur.

Vacances voyages loisirs (VVL)
39, av. Henri-Barbusse,
94408 Vitry-sur-Seine cedex,
tél. 01.45.73.40.00,
Web : www.v-v-l.com
Pays • Allemagne, Espagne, Irlande, Malte, Royaume-Uni.
Séjours • avec cours en collèges anglais • en famille et cours.

Visites et échanges culturels sportifs internationaux (VECSI)
10, rue Ludovic-Trarieux, BP 295,
16007 Angoulême cedex,
tél. 05.45.95.73.57.
Pays • Allemagne, Espagne, États-Unis, Irlande, Nouvelle-Zélande, Royaume-Uni.
Séjours • échanges • avec cours et logement chez son professeur • en famille et cours • en famille sans cours, stage.

Vivalangues
12, rue de Condé,
59110 La Madeleine,
tél. 03.20.63.11.00,
Web : www.vivalangues.com
Pays • Allemagne, Canada, Espagne, États-Unis, Irlande, Italie, Mexique, Royaume-Uni.
Séjours • cours particulier en école de langues • résidence en *College* et cours • avec cours en école de langues • avec cours et sport intensif • avec cours et initiation à Internet • stage • avec cours et logement chez son professeur • en famille avec cours • en famille sans cours.
Préparations • baccalauréat • diplôme de Cambridge.

Voyages études loisirs sports (VELS)
109, av. Paul-Vaillant-Couturier,
93120 La Courneuve,
tél. 01.48.35.49.99,
Web : members.aol.com/velsvoyage
Pays • Allemagne, Canada, États-Unis, Irlande, Royaume-Uni.
Séjours • en centres de vacances • en famille et cours • en famille sans cours • découverte.

■ **Voyages scolaires en Europe (VSE)**
Le Trifide, 18, rue Claude-Bloch,
14050 Caen cedex 4,
tél. 02.31.06.07.89,
Web : www.envol-espace.fr
Pays • Allemagne, Autriche, Belgique, Canada, Danemark, Espagne, Grande-Bretagne, Irlande, Italie, Malte, Pays-Bas, Pologne, Russie, République tchèque, Turquie.
Séjours • jobs • en famille et cours • en famille sans cours, stage • avec cours et sport intensif.

Voyages Verdié
Bel-Air, 12000 Rodez,
tél. 05.65.77.10.50,
Web : www.verdie-voyages.fr
Pays • Espagne, États-Unis, Irlande, Italie, Royaume-Uni.
Séjours • avec cours en école de langues • avec cours et logement chez son professeur • avec cours et sport intensif • en famille et cours • en famille sans cours.
Préparations • baccalauréat.

Voyages, langues et traditions (VLT)
24 *bis*, rue de Berri, 75008 Paris,
tél. 01.45.63.30.73.
Web : www.eab.fr.
Pays • Allemagne, Autriche, Canada, Espagne, États-Unis, Irlande, Royaume-Uni.
Séjours • cours particulier en école de langues • avec cours et logement chez son professeur • avec cours et sport intensif • en centres de vacances • en famille et cours • en famille et cours en université.
Préparations • TOEFL • diplômes de Cambridge • SAT.

Youth for Understanding/ échanges et jeunesse (YFU)
74, rue Blanche, 75009 Paris,
tél. 01.45.26.37.38,
Web : yfu.france.free.fr
Pays • Allemagne, Argentine, Brésil, Chili, Colombie, Danemark, Équateur, Espagne, États-Unis, Estonie, Finlande, Grèce, Hongrie, Italie, Japon, Mexique, Norvège, Nouvelle-Zélande, Paraguay, Pays-Bas, Philippines, Pologne, République tchèque, Royaume-Uni, Russie, Salvador, Suède, Suisse, Ukraine, Uruguay, Venezuela.
Séjours • résidence en *College* et cours • en famille et cours • en famille et cours en université • en famille et *High School* • en famille sans cours.

Notes personnelles

DONNEZ-NOUS VOTRE AVIS !

Ce livre est remis à jour régulièrement.
Pour l'améliorer, votre avis nous est indispensable.
N'hésitez pas à nous communiquer critiques et suggestions.

Vous pouvez également entrer en contact avec nous
par e-mail : orollot@letudiant.fr

Nom .... **Prénom** ....

Âge .... **Niveau d'études** ....

Adresse ....

.... **tél.** ....

À RETOURNER À OLIVIER ROLLOT, « LES GUIDES DE L'ETUDIANT »
27, RUE DU CHEMIN-VERT - 75543 PARIS CEDEX 11

918-02/2002

Éditions l'Etudiant

Directeur de collection : Olivier Rollot.

Assistante : Isabelle Gruet.

Édition :

Christine Aubrée (coordination éditoriale)

Séverine Maestri, Virginie Matéo, Laurence Merland.

Secrétariat de rédaction/maquette :

Françoise Granjon (première secrétaire de rédaction),
Christine Chadirac, Nathalie Grisoni, Nathalie Moreau Donohue, Brigitte Ourlin.

Visuel :

Directrice artistique : Evelyne Voillaume.
Conception graphique : Val Tarrière.
Conception couverture :
Isabelle Chasserant, Elsa Daillencourt, Éliane Degoul,
Iconographe : Gertrude O'Byrne.

Fabrication : Sabine Enders.

Diffusion : Emmanuelle Ould-Aoudia.

Communication :

Directeur : Gilbert Azoulay
Delphine Cantat, Julie Guillemin

27, rue du Chemin-Vert, 75543 Paris cedex 11
Dépôt légal : janvier 2002

Imprimerie Darantiere : n° d'impression 211-451

ISBN 2-84624-164-3
ISSN 1262-327X
Série Concours : ISSN 1275-448X